APR 0 6 2006
W9-CMU-439

MABEL ANIDO

VIOLENCIA EN LA FAMILIA...
DE ESO NO SE HABLA

Grupo Editorial Lumen
Buenos Aires - México

Colección: **Adicciones y cómo vencerlas**
Director: Prof. Dr. Faustino F. Beltrán
Diseño de cubierta: Gustavo Macri

Anido, Mabel
Violencia en la familia... : de eso no se habla – 1.ª ed. - Buenos Aires : Lumen, 2005.
112 p. ; 21x13 cm.

ISBN 987-00-0517-9

1. Violencia Familiar I. Título
CDD 362.829 2.

Grupo Editorial Lumen
Viamonte 1674, (C1055ABF) Buenos Aires, República Argentina
☎ 4373-1414 (líneas rotativas) • Fax (54-11) 4375-0453
E-mail: editorial@lumen.com.ar
http://www.lumen.com.ar

Hecho el depósito que previene la Ley 11.723

LIBRO DE EDICIÓN ARGENTINA
PRINTED IN ARGENTINA

ÍNDICE

¿POR QUÉ ESTE LIBRO?

Porque es una deuda pendiente. Una deuda que, por más que hagamos y hagamos, no terminaremos de pagar mientras exista violencia en una familia.

Por ello es necesario ofrecer al lector interesado materiales a través de los cuales pueda conectarse con la compleja urdimbre que se entreteje en torno al problema de la violencia familiar. Así puede, tal vez, ayudar para evitarla.

Elegimos contar las historias de casos típicos para facilitar la comprensión. Pero evitamos simplificar tanto las cosas de modo que dejen de reflejar la verdadera magnitud del problema. Dado lo delicado del tema, de sus múltiples aristas, nos propusimos ser muy cautelosos y respetuosos, tanto del lector como de las historias develadas en este libro. Nos servimos de esos relatos tan íntimos y personales con el único propósito de facilitar la transmisión, tanto del conflicto como de sus posibles soluciones.

Cada historia ha sido cuidadosamente seleccionada para que sirva como paradigma, como ejemplo claro y práctico de la situación que pretendemos analizar. Si bien los datos personales, obviamente, han sido modificados para preservar la identidad de cada caso, es muy posible que algún lector se pueda identificar con alguno de ellos, o asociarlos con alguna persona conocida. Éste fue, en parte, uno de los objetivos, es decir, tomar los aspectos más relevantes y representativos de cada caso para facilitar cierta generalización.

Sabemos perfectamente que cada caso es único y singular, pero hemos elegido agrupar algunas de las temáticas que se presentan con mayor frecuencia, y presentarlas con un ejemplo que las desarrolle. Para ello elegimos un lenguaje sin tecnicismos, ni explicaciones demasiado complejas o extensas descripciones. Nos esforzamos por crear un texto llano, fundamentalmente simple, pero no ingenuo. El profesional entendido en la materia también podrá descubrir entre líneas la rigurosidad y la profundidad en juego.

Es muy común encontrar en textos sobre violencia familiar extensos relatos de violencia explícita. Tratamos, en la medida de lo posible, de no violentar al lector con ese tipo de relatos. Evitamos, mayormente, las obscenas descripciones de los episodios de violencia. Creemos que no es necesario extenderse sobre las mil formas de maltratar a alguien, para solamente entonces analizar la estructura de la situación en la cual ese maltrato es posible.

Suponemos que el lector que elige este tema de lectura tiene alguna representación psíquica, alguna idea, de la violencia familiar, ya sea por su historia personal, por la de alguna persona cercana o, simplemente, por los casos que habrá conocido a través del cine y los diferentes medios de comunicación.

¿UN LIBRO MÁS?

Existen muchísimas publicaciones sobre violencia familiar. Publicaciones que abordan el tema desde los puntos de vista social, jurídico, psicológico, educacional, desde los mitos y las costumbres, desde el punto de vista de las conductas de género, etc. Libros que abordan aspectos generales y libros que desarrollan un aspecto en particular. Libros dirigidos a profesionales que trabajan sobre la problemática, dirigidos a maestros, a víctimas de la violencia y al público en general. Este libro intenta transmitir nociones generales sobre la temática, pero entrelazadas en historias singulares y verdaderas. Es así como abrimos, por un instante, la privacidad de una consulta psicológica para poder analizar la complejidad que se despliega a partir del simple hecho de escuchar.

¿Quién tiene la verdad de las cosas?, ¿quién podría decirle a alguien cómo tiene que vivir o qué es lo mejor para cada uno?

Escuchar. Escuchar es el gran desafío. Si podemos escuchar lo que el otro tiene para decirnos, escuchar cada palabra que esa persona quiere decir, y no lo que podría significar para nosotros, estaremos más cerca de entender algo del problema.

Si escuchamos a quien padece un problema, si realmente escuchamos lo que esa persona nos está diciendo, esa persona lo percibe, y no necesita mostrarnos ni exhibirnos consciente o inconscientemente su padecimiento. Si escuchamos y le brindamos palabras para nombrar su dolor y vías para acceder a la solución, ya no será necesario que nosotros realicemos algo concreto, sino que esa persona podrá salir adelante por sus propios medios. Podrá elegir y decidir por sí misma.

No se trata de adoctrinar, de enseñar, los valores "buenos" tan sólo porque son los valores que hemos elegido nosotros. No nos proponemos transmitir una moral determinada sino simplemente ayudar a escuchar y transmitir la convicción de que las palabras pueden enfermar pero también curar.

En definitiva, por ello creamos este libro; es una apuesta a eso, una apuesta a la magia de la palabra.

CAPÍTULO I

Violencia en la familia. ¿Cómo entender este fenómeno?

Violencia. Violencia en la familia. ¿Cómo entender este fenómeno?

Seguramente, son muchos los interrogantes que nos surgen sobre esta cuestión.

¿Cómo contar parte de esa realidad?

Realidad que intentaremos abordar por medio de relatos. Relatos producidos en el marco de las consultas psicológicas.

¿Cómo ingresar a la complejidad del tema?

Pensando el modo de poder transmitir la amplitud de problemáticas que implica la violencia familiar, recordé una vieja serie de televisión. Los protagonistas viajaban por el tiempo. En una oportunidad, mostraban tan sólo un maniquí en una vidriera. A través de los cambios que sufría ese maniquí, los espectadores teníamos la posibilidad de registrar el paso de los años; así como también las diferencias entre cada época y las marcas que caracterizaron cada período. Me pareció que ése podía ser un modo.

Mantener un punto fijo y, a partir de allí, recortar parte de una realidad.

En este caso, el "maniquí" podría ser "una consulta psicológica en Buenos Aires" en torno a la problemática de la violencia familiar.

¿Cómo se fue mostrando el problema de la violencia? ¿De qué modos fue apareciendo ante nosotros? ¿Qué ropajes adoptó? ¿Cómo lo afectó el contexto social?

Me parece que el recurso puede ser válido si tenemos presente que no se piensa que un modo de presentación del problema reemplaza al anterior. Sino que conviven, se suman y se diversifican. No son un gran paquete compacto sino que aparecen, se manifiestan de muchísimas formas. Es fundamental tener presente este aspecto.

Los primeros relatos que ingresaron en nuestra "vidriera" fueron a través de pacientes que consultaban por otros problemas. Los motivos de consulta eran múltiples; pero, mayoritariamente, lo que aparecía en primer plano era depresión, aislamiento, angustia, trastornos sexuales y afecciones somáticas. Por ejemplo el asma, las alergias, los trastornos digestivos, las náuseas, los dolores de cabeza, etc. Pero, una vez que se avanzaba en el tratamiento, aparecían agujeros en la historia. Algún suceso del cual no se hablaba, lagunas en la memoria. Manifestaciones de que algo estaba silenciado inconscientemente. Algo que se guardaba sin saberlo conscientemente.

Detrás de esas dificultades para seguir el trabajo analítico, aparecía el relato del maltrato o abuso sufrido pasivamente. Algo que le pasó y frente a lo cual no pudo hacer nada. Nadie pudo. Que esa historia hubiera quedado oculta en el inconsciente no evitó que en la actualidad se manifestaran síntomas emocionales sin una causa aparente. A pesar del tiempo transcurrido, las consecuencias de esos sucesos seguían manifestándose. En cada crisis de sus vidas, emergían nuevas expresiones por medio de síntomas, pero la causa seguía siendo la misma.

A mediados de los ochenta, irrumpe significativamente en la escena otro tipo de consultas. Mayoritariamente mujeres, que se presentaban como "mujeres golpeadas". Identificándose con mujeres que contaron en la televisión su problema. Se animaron a salir del silencio en el que vivían y comenzaron a hablar de su padecimiento. Diferentes situaciones frente a la misma problemática.

En los noventa, y sobre todo después de la reglamentación en la Argentina de la ley de protección contra la violencia familiar (8/3/96), comenzaron a aparecer con mucha frecuencia las consultas judiciales.

Los pacientes llegaban porque los mandaba el juez. Familias, hombres, mujeres y niños requerían atención. Eran casos que habían llegado a la justicia, y ésta debía tomar medidas al respecto. Una de esas medidas era la evaluación de la familia para lograr un diagnóstico de la situación y, en muchos casos, la indicación de realizar un tratamiento psicológico. Esto produjo todo un movimiento de pacientes, instituciones, profesionales, marchas y contramarchas para encontrar la mejor forma de articular las acciones.

Más recientemente, la consulta es producida por jóvenes que reconocen tener problemas de violencia en sus noviazgos. ¿Hasta dónde la violencia puede ser parte del erotismo de una pareja y cuándo está dentro del maltrato?

Ya no sólo consulta la supuesta víctima del maltrato, sino que son más frecuentes las consultas de quienes ejercen la violencia en forma activa. Las campañas de prevención contra la violencia familiar y las políticas sociales van produciendo nuevas formas de aparición del fenómeno.

Sin dudas, es un problema complejo. No se trata sólo de lo complicado de su resolución sino de lo complejo de su montaje. Se articulan varios factores entre sí. Factores que por sí mismos ya son toda una especialidad, cada uno requiere acciones particulares. Pero lo complejo está dado justamente por la interacción entre ellos. Esto quiere decir que la suma de esos factores no alcanza a describir la totalidad del fenómeno de la violencia en la familia. Si aislamos cada elemento, no llegamos a entenderlo. Es necesario pensarlo en forma conjunta y simultánea. Ambos aspectos son importantísimos: la interacción entre las partes y la simultaneidad.

¿Cuáles son los factores que ejercen mutua influencia?

Factores psíquicos

Estos factores tienen que ver con aquellas cuestiones que se producen dentro del aparato psíquico. Responden a los conflictos internos de un sujeto, a las contradicciones entre diferentes intereses, a los impulsos y las fantasías. También tienen que ver con desequilibrios emocionales producidos por problemas para elaborar los diferentes sucesos de su vida.

Factores vinculares de la pareja

Cada pareja es un mundo, dice la frase, que también se usa para referirse a la familia. El modo en que dos personas actúan entre sí tiene consecuencias, no sólo en la pareja sino también en cada uno y su entorno. Una persona con dificultades para regular su ira puede ver potenciado su problema si se relaciona con otra que no es consciente del modo en que provoca el enojo en el otro. Alguien sumamente inseguro y dependiente puede agravar su situación si se une a otra persona que quiere tener todo bajo control, que necesita ser obedecida y que, por supuesto, no favorecerá el desarrollo de su autonomía.

Factores familiares

Esto incluye a una generación más. Se refiere a las conductas transmitidas en la crianza. En muchas culturas los atributos masculinos son muy rígidos y, por ejemplo, aquel hombre que no puede *manejar (dominar y controlar)* a su mujer es un hombre de segunda calidad. No será tomado en serio por los otros hombres de la misma sociedad. Asimismo, lo que se espera de una mujer es muy estricto.

Existen familias que han criado a sus hijos bajo modelos

exageradamente rígidos respecto de lo que se debe hacer y lo que no se debe hacer o decir. Los miembros de esas familias difícilmente podrán incorporar las variaciones propias de cada época y de cada persona. De una forma similar puede suceder con personas criadas en familias totalmente disgregadas o promiscuas, en las que todo da lo mismo y todo es posible. Familias en que no hay ley o eventualmente la ley es la del más fuerte, que impone sus caprichos sin ningún argumento. En este caso, esas personas no tendrán incorporados dentro de sí los parámetros elementales para vivir en sociedad. Ellos seguramente tendrán problemas para incluirse en grupos o instituciones, con el consiguiente empobrecimiento mental. Unos, identificados con el más fuerte y arbitrario, y otros, con el más débil y sometido. Este tipo de familias vive con naturalidad la violencia familiar. Es algo normal y frente a lo cual el resto no debería entrometerse.

Factores sociales y culturales

Son aquellos factores que se producen en el ámbito social y potencian la violencia dentro de la familia. Se trata de sociedades que tienen estereotipos que permiten la violencia, fundamentalmente contra los hijos o las mujeres. Sociedades en las cuales los problemas importantes pasan por otro lado. No necesariamente corresponden a sociedades de países subdesarrollados, marginados o empobrecidos. Este factor tiene que ver con el lugar que esas sociedades le dan al cuidado de la familia y de los derechos humanos de sus miembros. Puede tratarse de países muy modernos, pero basados en el desarrollo individual de los más competitivos y productivos. Del resto, que se ocupe la seguridad social, a la cual no le destinan un presupuesto adecuado.

Estos factores también tienen que ver con situaciones de injusticia y opresión social que no logran resolverse. Los conflictos frustran a los miembros de esas sociedades, dificultando su expresión y desarrollo. Las sociedades de este estilo se vuelven impermeables a los problemas de cada uno y, en vez de aportar soluciones, potencian el problema. La familia termina siendo el lugar de la descarga de todas las iras y frustraciones, en vez del refugio para enfrentar cada día. Si a esto se le suman drogas o alcohol, no es difícil adivinar el resultado.

Factores económicos

Estos factores podrían agruparse en dos rubros principales. Los factores económicos que promueven la violencia, por un lado y, por otro, las pérdidas económicas que ésta produce.

La falta de trabajo y de posibilidades de inserción social produce un aumento de la frustración, y ésta, a su vez, potencia los aspectos violentos latentes en cualquier persona, que emergerán si se le suman otros factores. Otro elemento para tener en cuenta es la disminución de vías de expresión de la violencia, porque no se cuenta con los medios para canalizarla; por ejemplo, hacer deportes, tomarse vacaciones, etc.

En cuanto a las pérdidas económicas que produce la violencia, debemos anotar: los costos por atención médica en el caso de la violencia física y psicológica, programas de prevención. Si sumamos a todos estos gastos la disminución de la capacidad para el trabajo, los días de ausentismo posteriores al episodio de violencia, la falta de concentración en las tareas, que también afecta la productividad, tendremos cuantiosas cifras.

Cada uno de estos factores debe ser analizado por especialistas en cada materia, ya que en sí mismos constituyen una unidad de estudio. Sin embargo, lo más complejo de abordar es su articulación, las relaciones que se establecen entre un factor y otro. Es necesario analizar de qué forma un factor incide sobre el otro, ya sea para potenciarlo, para neutralizarlo o para resolverlo. Cada situación es diferente, pero el destino del problema, en general, depende en gran medida de las políticas que se implementen al respecto. Cada gobierno, sobre todo el de cada comunidad, debe poner en marcha sus estrategias para instalar, en la conciencia de los miembros de esa comunidad, el compromiso de hacer algo para disminuir tanto los casos de violencia familiar como las condiciones para que ella emerja. Por la complejidad que presenta, está claro que no es un problema que se resuelva por sí sólo. Requiere acciones constantes y eficaces en cada área para tener algún resultado positivo.

No pretendo desarrollar, ni mucho menos agotar, cada uno de esos factores. Tan sólo contarles, por medio de situaciones paradigmáticas, concretas y reales, cómo se articulan y potencian entre sí, tanto para bien como para mal.

Por ejemplo:

Cada círculo corresponde a un tipo de factores:

1 psíquicos

2 vinculares de la pareja

3 familiares

4 sociales y culturales

5 económicos

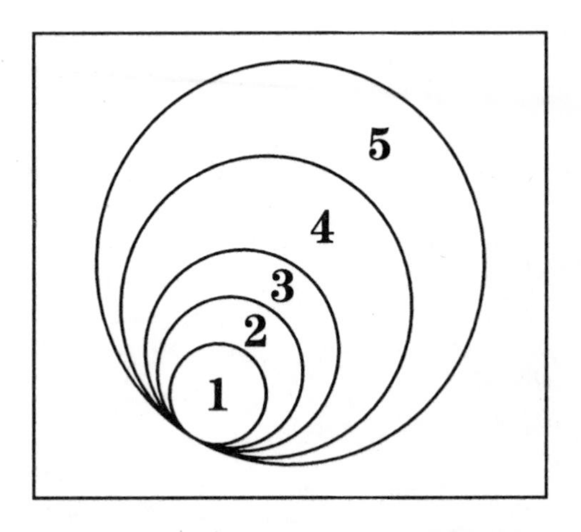

Este libro pretende compartir esos relatos producidos en la "vidriera" de consultas psicológicas en la ciudad de Buenos Aires. Relatos que muestran la complejidad del tema e invitan a despejar interrogantes. La idea es transmitir el recorrido de una investigación sobre el tema, que vengo realizando en la Fundación AEPA,[1] desde hace algunos años. Hacer un recorte de esa realidad e intentar esclarecer algunas de las preguntas que nos impulsan a saber qué es la violencia en la familia y cómo solucionarla.

---

[1] Fundación Asistencia y Estudios Psicoanalíticos Argentinos. Institución creada en 1982 que se dedica a la atención de pacientes y a la formación de psicoanalistas.

CAPÍTULO II

Pablo. Abuso sexual infantil

Comenzaremos por Pablo.[1] Un caso real, verídico. Pero no tomaremos este caso por su carácter verdadero, o como "caso clínico", sino justamente por la posibilidad de transformarlo en una ficción. Entonces, Pablo es el personaje de una narración, no alguien de carne y hueso que se presentó solicitando asistencia en un centro de salud mental de la ciudad de Buenos Aires, sino una historia, un relato.

Vive con los padres, de 80 y 84 años. Él tiene 47, es soltero y está solo. Tuvo una relación de pareja importante, 20 años atrás. Ella fue una de los 30.000 desaparecidos durante el último gobierno militar. Desde 1976 no la vio más, ni tuvo noticias de ella. Desapareció.

Apático, deprimido, sin trabajo estable. Hace mucho que vive en esa situación. Varios años.

Consulta en este momento porque sus padres están muy viejos y deteriorados. Ya no podía detener más el tiempo. Se dio cuenta de que se le habían pasado 20 años casi en un abrir y cerrar de ojos. No hizo nada, simplemente se detuvo.

Las sesiones eran lentas y sus relatos se interrumpían en una época de su infancia. No había recuerdos. Aparecían angustia, rechazo a seguir la terapia, a seguir contando su historia. Indicios de que estábamos en la pista correcta. Hasta que finalmente el recuerdo surge. A los siete años había sido víctima de abuso sexual por parte de un adulto. Alguien a quien él admiraba y en quien confiaba. Pero ¿saben cuál era su mayor dolor actualmente? ¿Cuál era la pregunta que para él no tenía respuesta? Se preguntaba por sus padres: ¿dónde estaban en ese momento? ¿Por qué no lo ayudaron? ¿Y los maestros?... ¿Por qué no se dieron cuenta de que le pasaba algo malo? ¿No había nadie que lo defendiera?

Ahora, se supone que él debía cuidar de sus padres. ¿Cómo podría hacerlo?

---

[1] Los nombres y algunas circunstancias personales han sido cambiados, en éste y en todos los otros casos mencionados.

¡Guardó el secreto durante 40 años! ¡Nunca nadie se enteró! Sólo sus síntomas gritaban y gritan lo que él calló y lo que nadie pudo escuchar.

¿De qué violencia hablamos aquí?

La violencia y el maltrato dentro de una familia no son un fenómeno aislado, como se pensó durante mucho tiempo. Se presenta en diversas formas, ya sea como violencia conyugal, maltrato infantil, abuso sexual, maltrato a personas ancianas y discapacitados. Es un fenómeno multifacético que podemos encontrar en todas las clases sociales y en todos los niveles socioeducativos. Puede presentarse como maltrato físico, maltrato psicológico, abuso sexual, abandono y negligencia (Corsi, 1997).

Para Pablo, no sólo se trató de abuso sexual. Las consecuencias del abuso quedaron marcadas en su carácter. Se encerró en sí mismo y no pudo confiar en nadie más. Cualquiera que se acercaba era posible que quisiera engañarlo. Imagínense: alguien que necesita el amparo de los adultos para desarrollarse y que no puede confiar en una mano firme que lo ayude. Atrapado, impotente y retraído. Con problemas para relacionarse con sus pares.

Durante muchos años, el abuso sexual y el maltrato infantil no fueron entidades de estudio como lo son hoy. Actualmente se puede diagnosticar maltrato infantil detrás de motivos de consulta muy dispares. Casi treinta años de investigación permitieron ir avanzando en el entendimiento de los factores predisponentes y pensar alternativas para prevenirlos.

¿Qué es el abuso sexual infantil?

Es un acto de naturaleza sexual impuesto por un adulto sobre un niño que, por su condición de tal, carece del desarrollo madurativo, emocional y cognitivo como para dar su consentimiento acerca del acto o los actos en cuestión.

La habilidad para enredar al niño en una vinculación de tipo sexual está basada en la posición dominante y de poder que tiene el adulto sobre el niño y que contrasta con los aspectos de vulnerabilidad y dependencia que éste tiene.

El abuso sexual de un niño no suele ser un hecho aislado. Por el contrario, necesita un proceso de vinculación especial entre los participantes para constituirse como tal (Sanz y Molina, 1999).

La gravedad del abuso sexual y del impacto en la víctima depende de varios elementos. De la cercanía del vínculo entre el niño y el perpetrador: cuanto más cercano es el vínculo, mayor es el impacto sobre la víctima. Del tipo de abuso: puede ser manoseo, sexo oral o penetración. De la duración del abuso, la frecuencia de los actos, así como del período de tiempo durante el cual esto sucede. Del grado de coerción física empleada. De la ausencia de cualquier figura alternativa protectora (Finkelhor, 1979).

¿Dónde estaban?, ¿dónde estaban los adultos protectores?, se sigue preguntando Pablo. Esto también es violencia. También dejó marcas. Sin una figura paterna protectora, le costó mucho enfrentar la vida. Todo le resultaba amenazante, y él se replegaba en sí mismo. Creció con la sensación de que a él le faltaba algo que los demás sí tenían. Siempre en desventaja frente a los otros. Pero fue creciendo. Esos aspectos débiles y vulnerables fueron transformados en lo contrario. Se inventó una máscara, una careta con la cual andar sin sentirse un "maricón". Entonces aparecía como una caricatura: soberbio, omnipotente, egoísta, autosuficiente, agresivo. Careta que nadie tomaba en serio, y esto lo sumía en una depresión crónica. Tenía muchas dificultades para relacionarse con las mujeres y ni qué hablar de los trastornos sexuales.

Cuando logró ligarse afectivamente a una mujer, el contexto social lo volvió a hundir durante veinte años más. Durante el proceso militar, el miedo y la desconfianza volvieron a tomar su lugar en la vida de Pablo.

A esto me refería con la articulación entre los diferentes factores del complejo tema de la violencia. Están relacionados para bien o para mal. En este caso, a la escasez de recursos psíquicos de Pablo se le sumaba la escasez de recursos familiares y sociales para revertir las consecuencias.

El tratamiento psicológico apuntó a que Pablo saliera de su pasividad, modificara la actitud frente a la vida. No se trata de que "las cosas pasan", sino de asumir las responsabilidades del destino que cada uno se forja. Si bien en la infancia no tuvo opciones, ahora era distinto. Podría elaborar algo del trauma ocasionado.

¿Qué es un trauma?

El trauma se caracteriza por un ingreso de excitación en forma excesiva en el aparato psíquico, en relación con la tolerancia del sujeto y su capacidad de controlar y elaborar psíquicamente dichas excitaciones.

Pensemos el aparato psíquico, por ejemplo, como un sistema de canales de riego. Esos canales se distribuyen por toda la plantación, de tal manera que cada planta recibe su cuota de agua necesaria. Ni mucho ni poco, sólo lo necesario. Ahora representemos el suceso traumático como si fuera un desborde en el ingreso de agua a los canales de riego. El exceso de agua no puede ser absorbido por el sistema de riego. Se inundan algunas partes, se bloquean otras y se desarman los canales. En consecuencia, el agua circula caóticamente por donde puede.

El suceso traumático no necesariamente tiene que ser un episodio descomunal, algo tremendo. Lo traumático es, justamente, la dificultad para elaborar ese suceso o estímulo. Es suficiente con que el sistema de riego no esté acorde con el ingreso del agua, para que tenga ese efecto.

El aparato psíquico se debe ir estructurando de forma acorde con los estímulos que recibe. Los estímulos pueden provenir tanto del mundo que lo rodea, como del interior mismo del aparato; por ejemplo, los impulsos o las fantasías. En su proceso de crecimiento, se va complejizando a medida que el sujeto transita por nuevas experiencias, tanto satisfactorias como de frustración. El sistema de riego debe regular la relación entre la cantidad de agua que ingresa y la extensión que se pretende abastecer. También debe ser dinámico, es decir, poder modificarse para facilitar su ampliación.

¿Cómo es un trauma?

Es un acontecimiento de la vida del sujeto, caracterizado por:

a) Su intensidad.
b) La incapacidad de responder adecuadamente a esa excitación.
c) Los efectos patógenos duraderos que provoca en la organización psíquica.

Un suceso puede resultar traumático por varios factores, que se pueden presentar aislados o combinados. Es posible que el acontecimiento, por su misma naturaleza, pueda excluir la posibilidad de elaboración completa; por ejemplo, la muerte de un hijo. A eso se le pueden sumar otros elementos que le pueden dar mayor valor traumático. Hay determinadas circunstancias específicas que potencian ese efecto, como condiciones psicológicas en las que se encuentra el sujeto en el momento del acontecimiento, o una situación afectiva que dificulta o impide una reacción adecuada. Finalmente, un factor que suele dificultar cualquier elaboración es, sobre todo, la existencia de un conflicto psíquico que impide a la persona afectada integrar en su personalidad consciente la experiencia que le ha sobrevenido.

Cuarenta años de silencio.

El contexto sociocultural se modificó significativamente.

Los padres de Pablo no tenían ningún recurso para afrontar este tipo de situación.

Un matrimonio con escasa instrucción, escasos recursos psíquicos y económicos, escasa conciencia de la realidad. Los intereses pasaban por garantizar la satisfacción de las necesidades básicas. La preocupación diaria era criar a sus hijos, darles comida, educación, vivienda.

El drama de Pablo pasó desapercibido para los padres, para el resto de la familia, para los maestros, para todos. Si el niño no dice nada, ¿cómo habrían de darse cuenta?

¿Cuáles son los indicadores de abuso infantil?

Para el grupo de niños preescolares (tres a cinco años), los síntomas más comunes son: ansiedad generalizada, pesadillas, manifestaciones asociadas al síndrome de estrés postraumático, conducta retraída, depresión, temor, inhibición, conducta sobrecontrolada, agresión, conducta antisocial, desbordes impulsivos y conducta sexual inapropiada, según se exteriorice el conflicto o no.

En niños escolares: pesadillas, temores, quejas somáticas como, por ejemplo, dolores de estómago, fiebre y vómitos sin causa. También son significativas las manifestaciones de agresión, hiperactividad, pobre rendimiento escolar, conductas regresivas, como hacerse pis o caca.

En los adolescentes: depresión, conducta retraída y aislada, ideación suicida, conductas autoagresivas tales como accidentes por descuido, malestares corporales sin causa orgánica, actos antisociales, fugas, alcoholismo y drogadicción.

Los síntomas que más se repiten a través de todos los grupos son las pesadillas, los temores, la depresión, la conducta retraída, la agresión, las conductas regresivas, las quejas por afecciones en el cuerpo.

La depresión, en particular, es un síntoma que se ha encontrado en la mayoría de las víctimas.

¿Qué se podría haber hecho?

En aquella época, cuarenta años atrás, la intervención sobre este tipo de situaciones era mucho más difícil.

Hoy, si bien se presentan otros problemas, podemos decir que hay mayor información, mayor conciencia social al respecto y mayor cobertura institucional especializada a la que acudir.

Por ejemplo, si se observa que un niño presenta indicadores que hagan suponer alguna forma de maltrato o abuso sexual, mediante la denuncia pertinente se da intervención a un juez de menores, quien tomará medidas al respecto en forma inmediata. Esto implica, a su vez, todo un proceso para esclarecer lo que está sucediendo. Puede ser penoso, pero es necesario. Que los pasos sean los adecuados hará que se acorten los tiempos de resolución, pero de todos modos es algo que requiere un trabajo interdisciplinario.

Este proceso legal es aparentemente traumático porque revive la situación, el vínculo, las condiciones, hurga en la dinámica familiar. Sin embargo, es necesario, porque colabora generalmente para incluir en la conciencia lo sucedido. Muchas veces, el aparato psíquico se defiende expulsando ese suceso, se tiende a negarlo. También es esperable que algo de eso suceda. Esto, negado en la conciencia, queda en estado latente en el inconsciente, es decir, reprimido. Emerge luego en la conciencia, pero en forma disfrazada. Por ejemplo, ¿qué tendrá que ver que Pablo se ponga paranoico cuando sus superiores se le acercan? ¿A qué se debe que se ponga agresivo, que le transpiren las manos? Sin embargo, para él es la misma situación. Alguien con autoridad que quiere abusar de él. La misma película con diferentes actores.

La investigación, tanto psicológica como legal, instala el problema en la conciencia de los adultos, y en el niño se inscribe otro modo de autoridad. Es decir, durante la investigación, se tiene que pensar y elaborar un relato para contar a otro lo sucedido, para contar y diferenciar entre lo que se siente, lo que se piensa y lo que sucedió. Ese trabajo que se realiza ayuda tanto al niño como al adulto. Con el paso del tiempo, el suceso queda sancionado como un delito. Todo esto hace más fácil su elaboración y resulta fundamental para el desarrollo posterior.

Obviamente, el tema es tan delicado y lleno de riesgos, que hace imprescindibles las acciones coordinadas entre los que se ocupan del caso.

Quizás el problema actual es articular las acciones. Por lo general, se tiende a actuar de dos maneras. O bien precipitarse por la gravedad de la situación, o bien paralizarse por la complejidad de los casos. Se crea un monto importante de ansiedad y de malestar, provocando el riesgo de tomar decisiones apresuradas, descoordinadas y sin claridad de objetivos.

Una intervención desordenada, desarticulada, ignorante de los riesgos y las consecuencias de las acciones es contraproducente, pero quedarse esperando, o ignorar la gravedad de las situaciones, es peor.

La intervención debe ser clara e implica un ejercicio de autoridad. Se trata de poner límites. Se requiere una intromisión en los asuntos de familia, que ha sido el terreno privado por excelencia. Se trata, no sólo de la sugerencia de ciertos cambios, sino de la imposición de medidas y sanciones que puede contradecir abiertamente lo deseado por la familia.

Pero, ante una situación de abuso o maltrato infantil, no reconocer el problema hace estragos. Pablo puede dar testimonio de ello.

CAPÍTULO III

María E. ... María D. ... María R.
Mujeres golpeadas

El problema de la violencia familiar, por lo general, conlleva un desarrollo de varios años. No se instala de un día para otro. Tampoco es una cuestión ocasional que emerge en un momento de crisis. No se trata de un episodio violento, sino de una forma de vinculación, un modo de intentar resolver los problemas, una pretensión, fallida, ¡claro!, de resolver diferencias. Ese vínculo se constituye lentamente, se construye entre por lo menos dos.

Resulta significativamente mayor el número de casos de violencia contra las mujeres respecto de la violencia ejercida contra hombres. En ello inciden muchísimos factores, sobre todo los culturales.

En un libro sobre economía del hogar, de la "Sección Femenina" de la Falange Española y de las JONS, editado en 1958, se detalla cuál debe ser la actitud de la mujer frente a su marido. Aún hoy ese modelo de mujer, sumisa y sin necesidades propias, sigue vigente. Ello es posible porque, tanto algunos hombres como mujeres, lo siguen sosteniendo.

Para ser una "buena mujer"...

Ese artículo decía lo siguiente: *"Ten preparada una comida deliciosa para cuando él regrese del trabajo; especialmente, su plato favorito. Ofrécete a quitarle los zapatos. Habla en tono bajo, relajado y placentero. Prepárate, retoca tu maquillaje, coloca una cinta en tu cabello; hazte un poco más interesante para él. Su duro día de trabajo quizá necesite de un poco de ánimo, y uno de tus deberes es proporcionárselo.*

Durante los días más fríos deberías preparar y encender un fuego en la chimenea para que él se relaje frente a ella; después de todo, preocuparse por su comodidad te proporcionará una satisfacción personal inmensa. Minimiza cualquier ruido. En el momento de su llegada, elimina zumbidos de lavadora o aspirador. Salúdale con una cálida sonrisa y demuéstrale tu deseo por complacerle.

Escúchale, déjale hablar primero; recuerda que sus temas

de conversación son más importantes que los tuyos. Nunca te quejes si llega tarde, o si sale a cenar o a otros lugares de diversión sin ti. Intenta, en cambio, comprender su mundo de tensión y sus necesidades reales. Haz que se sienta a gusto, que repose en un sillón cómodo, o que se acueste en la recámara. Ten preparada una bebida fría o caliente para él. No le pidas explicaciones acerca de sus acciones o cuestiones su juicio o integridad. Recuerda que es el amo de la casa.

Anima a tu marido a poner en práctica sus aficiones e intereses y sírvele de apoyo sin ser excesivamente insistente. Si tú tienes alguna afición, intenta no aburrirle hablándole de ésta, ya que los intereses de las mujeres son triviales comparados con los de los hombres. Al final de la tarde, limpia la casa para que esté limpia de nuevo por la mañana. Prevé las necesidades que tendrá a la hora del desayuno. El desayuno es vital para tu marido si debe enfrentarse al mundo exterior con talante positivo. Una vez que ambos os hayáis retirado a la habitación, prepárate para la cama lo antes posible, teniendo en cuenta que, aunque la higiene femenina es de máxima importancia, tu marido no quiere esperar para ir al baño. Recuerda que debes tener un aspecto inmejorable a la hora de ir a la cama... si debes aplicarte crema facial o rulos para el cabello, espera hasta que él esté dormido, ya que eso podría resultar chocante para un hombre a última hora de la noche. En cuanto respecta a la posibilidad de relaciones íntimas con tu marido, es importante recordar tus obligaciones matrimoniales: si él siente la necesidad de dormir, que sea así, no le presiones o estimules la intimidad. Si tu marido sugiere la unión, entonces accede humildemente, teniendo siempre en cuenta que su satisfacción es más importante que la de una mujer. Cuando alcance el momento culminante, un pequeño gemido por tu parte. Es suficiente para indicar cualquier goce que hayas podido experimentar.

Si tu marido te pidiera prácticas sexuales inusuales, sé obediente y no te quejes. Es probable que tu marido caiga entonces en un sueño profundo, así que acomódate la ropa, refréscate y aplícate crema facial para la noche y tus productos para el cabello. Puedes entonces ajustar el despertador para levantarte un poco antes que él por la mañana. Esto te permitirá tener lista una taza de té para cuando despierte...”

El artículo es bastante elocuente, dice por sí solo mucho más que mil explicaciones. Teniendo como trasfondo esa mentalidad, no es difícil que surjan las condiciones propicias para que se instale un vínculo violento.

El ciclo de la violencia

El primer tiempo del desarrollo de este problema es silencioso. Transcurre en la intimidad de la familia. Comienza como algo esporádico, ocasional. Un grito, un insulto, un golpe. Luego, el grito es más intenso, el insulto más lascivo y el golpe más fuerte. Primero es una vez cada tanto, y luego la frecuencia aumenta.

La tensión agresiva se siente en el ambiente. Esa tensión se va acumulando, espera alguna excusa para el desborde. Cualquier cosa enciende la mecha para que explote el episodio. La comida no estaba rica, la toalla no estaba en su lugar, el tono de voz no era el esperado. Esa tensión silenciosa que anuncia la tormenta se torna insoportable. Tan insoportable que, cuando ya se ha pasado por ella una y otra vez, se provoca el desencadenamiento. Quien vive bajo esta modalidad mucho tiempo llega a sentir cierto alivio inconsciente cuando explota la crisis. Parece mejor la explosión que soportar ese clima tenso.

En algunas ocasiones, y bajo mucha presión, la "víctima" puede provocar el desencadenamiento del episodio violento. Inconscientemente, detona la bomba para que pase lo que tenga que pasar, pero rápido, con la ilusión de que después todo volverá a la normalidad. No es así, nada vuelve a la normalidad, porque de normal no tiene nada. Muchas veces se lo acepta como parte de la vida, con cierta naturalidad, pero esa aceptación es producto de lo enfermizo de la situación.

Después de los arrepentimientos y reconciliaciones, el ***ciclo de la violencia*** vuelve a iniciarse. Aparentemente todo está tranquilo; luego, comienza a acumularse la tensión y, ante cualquier episodio, se desata la situación violenta, produciendo una descarga masiva de esa tensión. Así una y otra vez.

Pero, al reiniciarse el ciclo, no se parte del mismo punto, sino que cada vez es mayor la cantidad de violencia en juego, cada vez son mayores la intensidad y la frecuencia. Cada vez se vuelve más "normal" convivir con este tipo de situaciones.

La pareja violenta

Mientras esos ciclos se suceden unos a otros, el tiempo va pasando. Se va constituyendo una ***pareja violenta***. Se trata de una pareja violenta porque ambos son responsables de lo que sucede. Si bien puede pasar que sólo un miembro de la pareja propine la agresión y el otro la reciba, ambos son responsables. Responsables no quiere decir culpables. Si analizamos las vidas y la constitución subjetiva de cada uno de ellos, veremos, en muchos casos, que su destino violento estaba marcado de antemano. Pocas son las posibilidades de responder a los conflictos sin repetir los modelos aprendidos en la infancia. Modelos familiares y culturales que se van instalando en cada uno.

En la pareja violenta, generalmente sólo un miembro maneja el ingreso económico. El poder en esta pareja se distribuye de manera desigual. Quien ejerce la violencia en forma activa es también quien toma las decisiones, tiene el control económico y social del hogar. Ese miembro define qué se hace, cómo, cuándo y con quién. Nada puede escapar a su control, y ejerce una vigilancia permanente. Domina las voluntades de los otros miembros que le temen y, en cierto modo, lo admiran.

Así se unen dos factores en una combinación letal: ***endogamia y dependencia***. Dos socios mortales que dificultan cualquier cambio o resolución. Lo exogámico, o sea, lo externo a la familia, es vivido como algo amenazante, con mucha desconfianza. Entonces lo endogámico, todo aquello que se produce en el interior de la familia, es lo que cuenta, es lo verdadero, es lo que sirve, lo que hay que defender y sostener a cualquier precio.

El mundo externo es inmenso e inseguro, sobre todo para quien se ha confinado en esa prisión familiar. El universo se limita a las relaciones dentro de la familia. Los de afuera son mantenidos a distancia. Amigos, muy pocos, si los hay. Se mantiene una vida puertas adentro y otra puertas afuera. En esa vida puertas afuera, ambos se comportan cuidando las apariencias. Todo está bajo control.

Se produce una disociación muy grande entre el comportamiento dentro de la casa y el comportamiento fuera de ella.

A medida que pasan los años, esta disociación se acentúa cada vez más. Tener relación con personas externas al ámbito familiar se vuelve muy difícil. Esto potencia el encierro a medida que transcurre el tiempo.

Quien se va apoderando del control ejerce el poder en forma autoritaria; las decisiones son unilaterales y caprichosas.

Con estas coordenadas, una pareja va instalando un modo de vinculación patológico.

Él, el dinero. Ella, el bolso pesado...

El maltrato y la violencia se tornan naturales. Cualquier diferencia con el orden instituido es causa de un conflicto que se intenta resolver por las buenas o por las malas. Los episodios violentos pueden ser ***físicos, verbales o sutilmente psicológicos***. Esos episodios se van transformando en algo cotidiano que no sorprende a nadie. Se vuelven una costumbre, es un modo de vivir.

El escaso intercambio con lo externo a la familia refuerza la sensación de que ese modo de relación es "normal". O, por lo menos, nadie lo cuestiona seriamente. Es bastante común que sean personas ajenas al vínculo a quienes les llame la atención y quienes dan el primer paso para cuestionar el funcionamiento instituido hasta el momento.

Otro modo de enterarnos y enterarse de quiénes viven en este caos en equilibrio son los trastornos corporales. El cuerpo se enferma al vivir en permanente tensión. Aparecen diferentes síntomas: trastornos del sueño, de la alimentación, digestivos, problemas cardíacos, síntomas de estrés traumático, problemas respiratorios, dolores de cabeza, temblores, etc.

María E. Primer tiempo: endogamia

Recuerdo a una paciente; la llamaré María E. Acude a la consulta porque su cardiólogo se lo sugirió.

Ella consulta al médico porque tiene muchas molestias físicas. Este profesional le indica una serie de estudios, al cabo de los cuales concluye que tiene signos de encontrarse bajo mucho estrés.

Al interrogar a su paciente por las causas de tanta tensión, se encuentra con que nada justifica aparentemente ese cuadro. En los estudios clínicos realizados, se detectó un exceso de adrenalina en su cuerpo. Esto le ocasionaba un cuadro de intoxicación, con serias consecuencias sobre todo a nivel cardíaco.

Con estos antecedentes llega a la consulta psicológica. ¿Qué sucede para llegar a ese extremo?

¿Qué está pasando? Con esta pregunta empezamos el tratamiento.

Durante dos años habló de sus hijos, tenía cuatro. Estaba muy preocupada por los problemas económicos. Había estado en una posición muy buena, pero el marido tuvo problemas laborales y en ese momento estaban en la ruina.

La vida de casada siempre había sido así, llena de altos y bajos, de sobresaltos económicos.

La relación con su marido era mala. Estaba pensando en separarse. A medida que esa idea fue tomando consistencia, comenzaron a aparecer relatos un poco más detallados de lo que ella entendía por "llevarse mal con el marido". Sólo allí emergía la verdad de lo que ella vivía a diario. Verdad que mantenía oculta ante todos.

Una vez que cerraba la puerta de su alcoba, aparecía otra realidad. Lejos de cerrar la puerta para dar paso a la intimidad conyugal, lo que allí sucedía era otra cosa. Se trataba de humillación, maltrato, golpes, insultos, forzamientos. No era el lenguaje erótico del sadomasoquismo consensual. Se trataba de violencia conyugal. El terror con el que vivía María E. sólo ella lo sabía. Escuchar la llave en la puerta al llegar su marido le producía arritmia cardíaca.

El miedo no deja pensar

¿Cómo puede ser? María E. llevaba veinte años de casada. Cuando la interrogo sobre esto, ella dice algo que al principio yo minimicé. Primero le quité importancia, pero luego me detuve para pensarlo profundamente. Ella dice: ***"El miedo no deja pensar."***

Me pareció una respuesta demasiado simple, pero luego comprendí la magnitud de lo que decía.

¿Hasta qué punto puede llegar esto? El miedo detiene el pensamiento, las asociaciones. El miedo no deja pensar, no deja funcionar al aparato psíquico con sus potenciales. El miedo origina en el organismo el aumento de la producción de adrenalina. Esta sustancia altera el organismo. El miedo va horadando a la persona, la vuelve débil e insegura. Duda de sí misma y de poder salir adelante. Duda de sus capacidades y de su razón. No distingue en dónde termina el otro y su exigencia, y dónde comienza ella misma y sus necesidades. Se borra la subjetividad, la conciencia de sí misma, lo que le da sustancia a su nombre propio. El miedo produce depresión porque no se vislumbra una salida. El miedo produce insomnio y cansancio porque hay que permanecer siempre alerta. El miedo la vuelve amarga y resentida porque no le deja experimentar satisfacción.

El miedo no deja pensar y produce un franco deterioro de las facultades mentales.

Pasaron dos años de tratamiento hasta que ella pudo hablar de lo que sucedía. ¿Por qué tanto tiempo? María E. necesitaba confiar. Confiar en su terapeuta, en ella misma, en la esperanza de que podía vivir de otra manera y de que se lo merecía. Necesitaba tiempo para comprobar que la culpa que sentía por todo era efecto del lugar en el que ella consentía estar. Necesitaba tiempo para aceptar que ella era *responsable* de sostener esa situación, pero no *culpable*. El sentimiento de culpa que padecía le hizo pensar que esos castigos eran merecidos. Le llevó dos años enterarse, y otro tanto poder hacer algo con esa verdad.

María E. primero pretendió ocultarse la verdad. Al enterarse de que sus hijos sabían el secreto tan celosamente guardado, se le cayó encima su propia farsa. Esa doble vida ya no tenía sentido. Tener una familia había sido su único objetivo y, si no hacía algo pronto, perdería todo. Perdería lo más preciado, el amor de sus hijos.

Así comienza María E. un camino para recuperar el respeto por sí misma. Para recuperar la confianza. Fue un camino largo y difícil.

Aceptar los cambios

Una pareja que tiene la violencia como modo de relación no acepta cambios fácilmente. Las cosas son de una manera y modificarlas pone en riesgo todo. No sólo el marido de María E. saboteaba cualquier intento de ella para independizarse. También ella misma caía una y otra vez en la trampa. A veces ella tenía la ilusión de que él dejaría de ser como era, o que la situación entre ellos cambiaría. Hasta que finalmente se resignó y aceptó su realidad.

Que algo se modificara dependería de lo que ella pudiera llevar adelante. Allí concentró sus esfuerzos en independizarse, en valerse por sí misma.

Vínculo excitante

Veinte años de casada. Ese vértigo al que se sometían diariamente los unía más de lo que ellos mismos se imaginaban. Este vínculo que generaba grandes dosis de adrenalina era en alguna medida excitante y, a la vez, la fuente del padecimiento de María E. Pero también era esa misma excitación, a la que se acostumbró, la que le hacía parecer monótona cualquier otra alternativa.

Las parejas violentas están unidas, entre otras cosas, por ese "vínculo excitante". Esa mutua excitación une a estas personas más de lo que las separa. Esa forma de relación se instala de mutuo acuerdo. Acuerdo inconsciente, claro.

Pero veinte años de convivencia echan por tierra la idea de que podría ser algo ocasional, circunstancial. También echan por tierra la idea de que hay una víctima y un victimario. Si bien uno ejerce la violencia de un modo activo, el otro deja que eso suceda. O en algunos casos lo provoca inconscientemente para que ello ocurra.

Si un aparato psíquico es un verdadero laberinto y la complejidad de su funcionamiento se nos escapa todo el tiempo, dos aparatos psíquicos fusionados pueden ser un verdadero pandemonio. Estas parejas violentas funcionan como si compartieran su espacio psíquico. Uno utiliza el espacio del otro para pensar. Utiliza al otro como depósito de aquellas cosas propias con las que no quiere saber nada. Es así como "el violento" asume ese rol y se hace cargo de todo lo violento de ambos, y "el sumiso" asume sobre sí la sumisión de ambos. Cuando estas parejas se separan, pasan por una gran crisis porque cada uno deberá hacerse cargo de sus aspectos violentos y sus aspectos sumisos. Esto genera múltiples situaciones de angustia. Por algo estaban juntos.

La pareja violenta junta los aspectos de uno y de otro, y los divide en dos nuevamente, pero ordenados de otro modo. En vez de que en cada uno hubiera lugar para una cuota de miedo y una de valentía, una cuota de amor y una de odio, una cuota de independencia y una cuota de dependencia. En vez de eso, se dividen los pares de opuestos: si uno tal cosa, el otro la opuesta. Este modo de división de "atributos" lleva años consolidarlo. Requiere que uno delegue en el otro y, a su vez, que éste acepte como propio ese aspecto que le fue delegado. En las parejas violentas, esta división se consuma sin mayores esfuerzos.

En las parejas "normales", este proceso también intenta producirse, pero no siempre el intento de uno, de delegar en el otro algún aspecto, es aceptado pacíficamente por el otro; por lo general, hay un rechazo.

En la pareja violenta, esto se da en forma casi natural y, por supuesto, es un proceso inconsciente. Puede uno imaginarse el caos que se produce cuando alguno de los dos rompe ese pacto e intenta establecer otro modo de relación. Se compromete todo el aparato psíquico, el de ambos.

Si alguien delegó en su *partenaire* algún aspecto suyo, es porque no lo soporta como propio. Ese elemento rechazado es vivido como amenazante. Por alguna razón debió ponerlo fuera, adjudicárselo a otro. Si ese elemento vuelve a ingresar en su campo, se pone en riesgo todo. Esta amenaza de desorganización es una de las causas por las cuales es tan difícil el trabajo con estas parejas. Son dos personas pero funcionan como una; al intentar singularizarlos, individualizarlos, se produce una gran crisis. Ni qué hablar si se intenta una separación. En esos momentos, el riesgo de episodios violentos aumenta en proporciones alarmantes. Es necesario el trabajo conducido por profesionales experimentados y advertidos de estas cuestiones, así como la articulación entre profesionales de las diversas disciplinas, psicológicas, jurídicas, etc., según sea el caso.

María D. Segundo tiempo: la denuncia

Veíamos cómo el desarrollo de este vínculo tan especial en una pareja violenta se produce a lo largo de varios años. También veíamos que existe un primer tiempo donde el problema permanece oculto. Este tiempo es *endogámico*, se desarrolla dentro de los límites de la familia.

Pero un día algo sucede. Algo se va del límite. Alguien más lo sabe. Comienza el tiempo de ***la denuncia***. El problema deja de ser algo que sucede únicamente dentro de la familia, deja de ser un secreto, algo comienza a cambiar.

Es en ese momento de su vida, el de la denuncia, en el que llega una mujer a la que también llamaré María, María D.

Corría el año 1984. En la televisión aparecían los primeros *talk-shows*. En esos programas una tribuna escuchaba atentamente el testimonio de una mujer que narraba sus padecimientos y se presentaba como "mujer golpeada".

En la intimidad de su casa, sola y en silencio, María D. estaba asombrada por lo que escuchaba. El relato público de esa mujer la hizo reflexionar. Lo que decía le resonaba mucho. Ella padecía ese mismo problema, pero no sabía que era un problema que podría interesar a los demás. Veía el interés del locutor en saber más sobre el modo en que vivía y padecía silenciosamente.

María D. se animó y comenzó a contar, en su sesión, que el marido le pegaba por cualquier cosa. La obligaba a lavar las paredes con un trapo y desinfectante todos los días, y se ponía furioso si le parecía que no estaba bien limpio. Contaba también el modo en que la humillaba ante los demás, tratándola de estúpida, de inútil, burlándose si cometía algún error o asustándola con amenazas si la veía temblar de miedo.

María D. *sabía* de qué estaba hablando en la televisión esa mujer que no paraba de llorar.

Ese interés del locutor le hizo pensar a María D. que lo que ella padecía podía interesarle a alguien. Ese padecimiento era tratado como un problema que debería ser solucionado y se ofrecían alternativas para intentar ayudar a esa mujer. Entonces, a ella también podían ayudarla.

Para María D., ese episodio fue clave. Allí comenzó a poder nombrar lo que le pasaba.. A partir de ese momento, María D. se identificó a sí misma como una “mujer golpeada”. Su dolor tenía nombre y también remedio. Pero, para acceder a las soluciones, primero debía hablar.

¿Con quién hablar? ¿A quién contarle?

Esa otra mujer llegó a la televisión. ¿Era allí donde María debía contar su problema?

En el intento de contar lo que le sucedía, habló con mucha gente. Habló con una amiga de suma confianza, habló con el médico, habló en un centro de ayuda a las mujeres golpeadas, habló una y otra vez.

En cada lugar que habló, se repetía la misma secuencia. Narraba todos sus padecimientos, pero no podía llevar adelante, con acciones concretas, la decisión de modificar la situación. Tanto la amiga como el médico y las compañeras del grupo de autoayuda le sugerían que debía hacer algo para modificar su realidad.

Aprendió a defenderse. Al marido ya no le resultaba tan sencillo dominarla físicamente, porque María D. se protegía. Aprendió técnicas para no potenciar la violencia, para no provocar discusiones. Aprendió que no era algo natural y lógico que le pegara, que no se trataba de que ella había hecho algo mal.

El poder en la pareja

También aprendió que casi todo estaba fuera de su control. Ella se dio cuenta de que no tenía ninguna posibilidad de decidir sobre nada. No disponía de ingresos, los bienes no estaban a su nombre, no tenía amigos, ni trabajo, no era tenida en cuenta en nada. Parecía que no existía o su existencia no estaba reflejada en nada tangible para ella.

Durante años dejó que cada pequeño espacio de poder disponible lo ocupara su marido. Él se ocupaba de todo. Al principio parecía una comodidad porque ella no debía preocuparse por nada, pero luego se transformó en una prisión.

Cada vez que María D. contaba su situación ante alguien, llegaba al mismo punto de sorpresa y enojo: ¿por qué?

Pero no avanzaba en la solución definitiva del problema. Seguía viviendo con esa persona que la sometía tanto a ella como a sus hijos a situaciones humillantes y crueles.

Primero pensó que él podría cambiar, que en realidad esto se debía a que ella se lo permitió. Pensó que, si adoptaba una actitud más firme, las cosas serían diferentes. Pensó que sólo era cuestión de hacerse respetar. Sin embargo, cuando María intentó poner límite a algunas situaciones, la violencia y el maltrato aumentaron. El riesgo era mayor y el miedo aumentaba. La convivencia, en vez de mejorar, empeoraba.

No sólo se trataba de que María permitía que las cosas llegaran a ese límite, sino también de que el marido exigía tener todo el poder.

En la violencia conyugal, la responsabilidad es de los dos. En este caso, uno permite y el otro abusa. Revertir ese proceso es algo que requiere mucho trabajo.

María se encontraba con dos problemas enormes: por un lado superar sus propias debilidades y por otro disputar sus derechos con alguien que no tenía la mínima intención de reconocerle ningún derecho a nada. Él estaba convencido de que tenía derecho a decidir sobre su familia a su antojo y que sólo él sabía qué era bueno y qué no. Dos partes en litigio. Una batalla permanente y la violencia que va en aumento.

Mientras tanto, María sigue contando, denunciando lo que le pasa. Todos coinciden en decirle que tiene que hacer algo. Pero ella sigue preguntando: ¿qué hacer? Y pidiendo que alguien haga algo.

Ella piensa que debería dejar la casa e irse con sus hijos a casa de algún familiar. Pero también considera que no es justo. Quien debe irse es él y pasar los alimentos como en cualquier divorcio. Pero *no es* cualquier divorcio. Sabemos que él no se irá, ya que tiene todo bajo control, todo está a su nombre y se siente seguro. María sabe que perderá todo si se va, pero también si se queda. Por eso da vueltas por todos los lugares donde puedan escucharla, para que alguien haga que él deje de maltratarla o que se vaya de la casa. Pero ella sólo pasa de un lugar de atención a otro, y en todos llega al mismo punto en que le dicen que debe hacer algo, o de lo contrario lo harán ellos mismos. Es entonces cuando ella se dirige a otro lado y empieza a narrar su historia nuevamente.

El momento de la denuncia

Este momento por el que atraviesa María D. es el momento de *la denuncia*. Es un tiempo de lo más complejo. Es el momento en que el problema sale a luz. La violencia deja de parecer natural y la costumbre de vivir así se rompe. Piensa que hay otras formas de vivir.

Se inicia un tiempo en donde se denuncia lo que sucede dentro de esa familia. Se denuncia de forma indirecta y a veces inconscientemente. No siempre se trata de una denuncia judicial, sino que se puede contar el problema a cualquier tercero.

La denuncia puede consistir en presentarse en un programa de televisión y exponerse públicamente para contar lo que sucede. Denunciar inconscientemente puede ser, por ejemplo, presentarse a trabajar con visibles marcas y moretones de una golpiza, que no se puede disimular. Denunciar también puede ser presentarse ante un policía y acusar al agresor sin que eso signifique que esa denuncia luego se sostenga. Denunciar puede ser contarle a algún profesional, tanto médico como psicólogo, lo que sucede, sin que eso implique necesariamente modificar algo.

Denunciar, muchas veces, es pedir que alguien haga algo. Ese pedido es escuchado por muchas instancias sociales, y cada una de ellas propone alguna salida posible al conflicto; pero, generalmente, quien denuncia sólo puede hacer eso, denunciar.

El tiempo de la denuncia es complejo. Quienes escuchan los relatos, quienes ven las marcas, quienes saben que eso se repite una y otra vez se desesperan de impotencia o intentan hacer por sí mismos lo que no hacen los implicados. Es así como la ley de protección contra la violencia familiar contempla la posibilidad de que los profesionales que conozcan este tipo de situaciones deban realizar la correspondiente denuncia.

Pero también sabemos que eso podría potenciar la violencia en muchos casos. Sin embargo, a veces no se puede hacer otra cosa, y la denuncia judicial suele ser un límite necesario.

En más de una oportunidad, luego de realizada la denuncia profesional, de intervenir el juez e indicar la exclusión del hogar de uno de los miembros, sucede que vuelven a estar juntos. Se reconcilian, incluso a escondidas del juez y de los profesionales. Es común que todo vuelva a empezar. María vuelve a contar una y otra vez lo que sucede, hasta que alguien le vuelve a decir que tiene que hacer algo.

Si no se rompe el circuito de dependencia económica, emocional e incluso sexual, es muy difícil que se salga del círculo vicioso.

Para que el momento de la denuncia sea productivo, tiene que haber un trabajo previo de autonomía, fortalecimiento de los aspectos más sociales de la persona interesada en salir del problema. Sólo una denuncia que se está dispuesto a sostener es efectiva. En caso contrario, puede funcionar momentáneamente para frenar alguna situación puntual, pero a la larga todo vuelve a empezar.

Lleva mucho trabajo que quien denuncie pueda tomar alguna determinación, sostenerla y aceptar las consecuencias de ese acto. Si bien es un camino arduo, suele ser el más efectivo.

María R. Tercer tiempo: la repetición

En muchos casos, se logra romper el vínculo patológico de la violencia y seguir adelante en la vida. Es muy frecuente encontrarse con personas que, habiendo vivido situaciones de violencia familiar durante muchos años, luego de un tiempo de estar separados rearman sus vidas.

Quienes se han sobrepuesto a este tipo de vivencias conservan una susceptibilidad muy grande a cualquier modo de maltrato o violencia, no toleran el más mínimo gesto que les recuerde lo vivido. Pero también es cierto que hay algunas personas que, por diversas razones, no pueden evitar verse envueltas en estas situaciones. Sobre todo, quienes han pasado muchos años de su vida bajo este modo de vinculación y vuelven a repetir la misma historia. Producen una vuelta más en la calesita. ¡Otra vez lo mismo!

Otra María, María R., la tercera que no es la vencida, tiene una historia digna de contarla como ejemplo de esta situación.

Es una paciente que podríamos decir "repite" ese modo de relacionarse con el otro. Ella siempre queda ubicada como aquella de quien abusan, a quien maltratan y humillan.

De niña fue violada por su padre y, al contarle a la madre lo sucedido, ésta le pega y la trata de mentirosa. Doblemente violada. Aún hoy, a sus 60 años, conserva el dolor por esa situación y el odio por ellos.

Se casa muy joven para irse de esa casa. Al principio, el marido era lo más importante para ella. Él se encargaba de todo. Ella sólo debía ocuparse de los hijos. Una mujer muy inteligente pero restringida a su hogar. Desconocía por completo los detalles del trabajo de su marido. No tenía nada a su nombre. Pasaron los primeros años de matrimonio con un notable deterioro de la relación, hasta que comenzaron primero el maltrato y luego los golpes.

Con sus hijos se va a la casa de su madre, para ese entonces viuda. Al separarse, se queda sin nada y comienza a trabajar. Los hijos pasan la mayor parte del día con la abuela, quien la desautoriza sistemáticamente.

Temiendo perder a sus hijos, logra irse a vivir con ellos; pero ya era tarde. Ellos eran hijos de la violencia, la habían vivido desde pequeños, y la abuela los habilitó a humillar a su madre. Nadie puso freno a los desbordes. Ante la impotencia, María R. se sumerge en la bebida y en el trabajo excesivo.

Cuando el hijo menor entra en la adolescencia, comienza a pegarle a María, que no puede entender por qué su vida es tan trágica.

Intenta suicidarse y es internada en varias oportunidades por depresión.

Este hijo agudiza sus problemas con las drogas y finalmente María lo expulsa de su casa. Los otros tres están casados y viven con sus respectivas parejas.

Cuando la madre se enferma, producto de lo avanzado de su edad, María decide internarla en un geriátrico. Le busca el mejor lugar que puede pagar. En ese momento comienza a transformar en enojo toda su tristeza.

Los hijos mayores le reprochan haber internado a la abuela, pero ninguno acepta llevársela a vivir a su casa. Le exigen que ella debe ocuparse de la abuela. A pesar del esfuerzo que le significa a María internar a su madre, puede sostener esa decisión y comienza a vivir sola.

Sólo a sus 55 años puede empezar a decidir sobre su vida y a poner límites a los abusos. Abusos que ella permitió durante mucho tiempo. Abusos que ahora la llenan de enojo consigo misma y con los demás.

Con altos y bajos, con días mejores y con días de mucha tristeza, María R. hoy vive sola en la casa que a los 60 años logró escriturar.

Una falsa expectativa

María R. pensaba que, habiéndose esforzado tanto para criar a sus hijos, cuando fueran grandes la ayudarían. Se aguantó muchas cosas pensando que al final tendría una recompensa, un reconocimiento. Si ella dio todo, alguien le daría a ella. Pero no fue así. Pasó por alto muchas humillaciones, soportó maltratos y se esforzó por demás, ilusionada en una falsa expectativa.

La versión de los hijos es diferente. Ellos ven una madre que nunca estuvo con ellos porque trabajaba siempre. Una madre que se dejaba maltratar por su propia madre y a la cual el marido no respetaba. Una madre que hacía todo mal, ridícula, y de la cual sentían vergüenza. Una madre que no podía contenerlos porque siempre estaba pendiente de uno de sus hijos, con sus problemas de enfermedad y luego de drogas. Una madre que siempre estaba ocupada, borracha o deprimida, una madre que no sabe disfrutar. Una madre con la cual no pueden contar y una madre a la que no soportan ver mal, porque les recuerda lo peor. Una madre que abandona en un geriátrico a su propia madre. Una madre de la cual mejor es estar lejos.

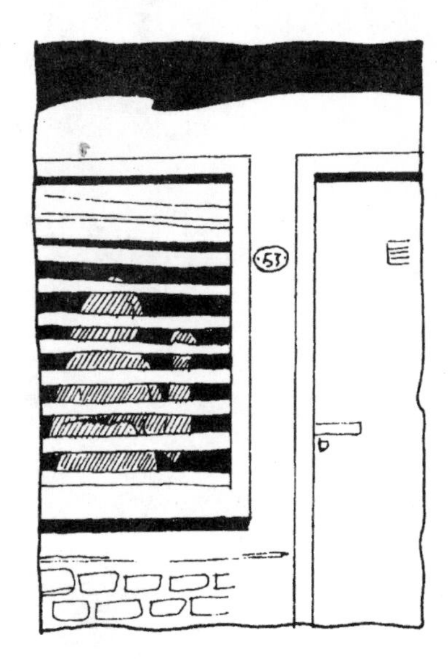

Las marcas que deja el maltrato son muy grandes y profundas. Perduran más allá de la generación que las padece. Se transmiten a los hijos, a los nietos.

María R. ya no quiere relacionarse con casi nadie. Teme volver a estar en alguna situación parecida. No soporta nada. Quisiera simplemente estar jubilada y no tener que ver a nadie. Pero su situación económica no le permite esa tranquilidad.

A María le llevó muchos años de terapia poder detener esa repetición. Salir de ese lugar de abuso y maltrato le costó mucho esfuerzo. Lo cierto es que cada vez aguantó y aguanta menos tiempo ese tipo de situación. Quizás no puede evitar verse envuelta en algún episodio, pero hace lo posible para poner algún límite con mayor rapidez y efectividad.

No es posible volver atrás y modificar la vida de María R., pero hubo cambios muy sustanciales en su interior. Transformar la tristeza en enojo con los demás y con las situaciones injustas fue uno de los motores para poder despegarse de la culpa que le producía decir que no a algo. Poner límites a los diferentes abusos le devolvió la autoestima, desarrollando cierta confianza en sí misma.

CAPÍTULO IV

Cuando interviene el juez

A partir de la sanción, en la República Argentina, de la ley 24.417 de protección contra la violencia familiar, aumentan significativamente las consultas de personas, que son enviadas por el juez a la consulta psicológica. Estamos hablando del ámbito de la ciudad de Buenos Aires, ya que para otras jurisdicciones esta reglamentación fue posterior y en otras no se ha producido.

Suele ocurrir con mucha frecuencia que alguien, presa de la desesperación, realice una denuncia policial y que, al momento de tener que ratificarla, no se presente, y el problema de fondo siga sin resolverse. Por lo general, se aconseja que las denuncias sean realizadas en los tribunales de familia. Estos tribunales tienen amplia experiencia en trabajar con la particularidad de estos casos. Suelen tomar medidas cautelares, como puede ser la exclusión de alguno de los miembros del domicilio. También pueden indicar tratamiento psicológico, entre otras medidas posibles.

Las acciones de estos tribunales están dirigidas a proteger principalmente a los menores que pudieren estar en riesgo y modificar los vínculos que se han constituido como violentos. Se trata de intervenir en una familia, de tal modo que se garanticen los derechos básicos de cada uno de sus miembros.

Las denuncias realizadas en estos fueros tienen un tratamiento diferente del que podría producirse en el ámbito penal. De hecho, cuentan con trabajadores sociales, psicólogos, psiquiatras y letrados que permanentemente se forman y capacitan sobre las especificidades de esta problemática.

Con el correr de los años y sobre todo con la implementación de la ley de protección de violencia familiar, los recursos humanos disponibles son cada vez mayores.

¿Qué dice la ley?

Esta ley dice: "*Toda persona que sufriese lesiones o maltrato físico o psíquico por parte de alguno de los integrantes del grupo familiar podrá denunciar estos hechos en forma verbal o escrita ante el juez con competencia en asuntos de familia y solicitar medidas cautelares conexas. A los efectos de esta ley se entiende por grupo familiar el originado en el matrimonio o en las uniones de hecho.*

Cuando los damnificados fuesen menores o incapaces, ancianos o discapacitados, los hechos deberán ser denunciados por sus representantes legales y/o el Ministerio Público. También estarán obligados a efectuar la denuncia los servicios asistenciales sociales o educativos, públicos o privados, los profesionales de la salud y todo funcionario público en razón de su labor. El menor o incapaz puede directamente poner en conocimiento de los hechos al Ministerio Público.

El juez requerirá un diagnóstico de interacción familiar efectuado por los peritos de diversas disciplinas para determinar los daños físicos y psíquicos sufridos por la víctima, la situación de peligro y el medio social y ambiental de la familia. Las partes podrán solicitar otros informes técnicos."

El trabajo interdisciplinario en este ámbito es fundamental porque en él se entrecruzan aspectos sociales, jurídicos y psicológicos. De este intercambio surge un modo diferente de concebir la complejidad del problema.

La interdisciplina es un modo de responder a la complejidad. Para que hablemos de interdisciplina, es necesario encontrar una estrategia común de trabajo. Es decir que los diferentes profesionales implicados en la resolución de un problema trabajen sobre un plan común, que tengan una estrategia interdisciplinaria. Si existe dicha estrategia, cada una de las acciones que se realizan se van integrando en pos de un objetivo previamente establecido.

Cuando se carece de una estrategia compartida, el trabajo interdisciplinario se transforma en un verdadero infierno. Cada uno opera por su parte, sin contacto alguno con el resto. En estas condiciones, los que consultan ven multiplicados, sus problemas, ya que tendrán diferentes indicaciones, simultáneas y a veces opuestas. Se verán envueltos en numerosas entrevistas con los profesionales y tendrán que absorber múltiples informaciones y ajustarse a los requisitos de las diferentes instituciones en juego.

Es fundamental contar con un diagnóstico adecuado de la situación familiar para evaluar los tiempos en que se debe accionar. Un equipo de psicólogos y psiquiatras realizará esa tarea a pedido del juez.

Es así como una familia es recibida, por el equipo interdisciplinario del cuerpo forense, para su diagnóstico.

En la evaluación psicológica se intenta delimitar el riesgo posible y la urgencia en implementar alguna medida que proteja a los afectados. Mediante entrevistas a la familia en conjunto y entrevistas individuales, se analizará cómo es la relación entre ellos, qué características tuvo el suceso violento, si fue algún episodio aislado, o si es algo que se ha reiterado en otras oportunidades, y quién o quiénes son los miembros de la familia que corren mayor riesgo. Sobre todo, se intentará evaluar si se dispone de tiempo para trabajar con esa familia o habría que tomar medidas urgentes.

Según la mencionada ley, "*El juez podrá adoptar, al tomar conocimiento de los hechos motivo de la denuncia, las siguientes medidas cautelares:*

a) ordenar la exclusión del autor de la vivienda donde habita el grupo familiar;

b) prohibir el acceso del autor al domicilio del damnificado como a los lugares de trabajo o estudio;

c) ordenar el reintegro al domicilio a petición de quien ha debido salir del mismo por razones de seguridad personal, excluyendo al autor;

d) decretar provisionalmente alimentos, tenencia y derecho de comunicación con los hijos.

El juez establecerá la duración de las medidas dispuestas de acuerdo a los antecedentes de la causa.

El juez, dentro de las 48 horas de adoptadas las medidas precautorias, convocará a las partes y al Ministerio Público a una audiencia de mediación instando a las mismas y su grupo familiar a asistir a programas educativos o terapéuticos."

En principio se trata de determinar si la denuncia se produjo ante un hecho puntual o es parte de una larga lista de episodios, denunciados previamente o no. Se trata de establecer si la violencia responde a algo ocasional, en una crisis, como un episodio aislado, o es el modo de relacionarse ya establecido.

Si ante cada conflicto que no se logra resolver se produce una crisis violenta, podemos pensar que lo que está afectado es el vínculo, y se trabaja sobre este aspecto sin poner tanto el énfasis en la situación. En cambio, si una familia no tiene historia de episodios violentos, de maltrato o de riesgo para alguno de sus miembros y, en una determinada situación, esto se manifiesta, podremos pensar que lo urgente para resolver es lo que produjo semejante manifestación.

El desarrollo de la causa, el tratamiento y las medidas que se tomen dependerán mucho de este tipo de diferenciación.

También se deben realizar diversos estudios para evaluar los daños producidos.

En el caso del informe psicológico se observa, con cierta regularidad, que quienes han sufrido violencia, maltrato y abuso presentan secuelas de ello. Obviamente todo examen psicológico es muy delicado y sólo permite establecer presunciones, ya que es muy difícil discriminar claramente que tal o cual sintomatología es producida por maltrato.

Las vías por la cuales un caso pasa a ser judicial son múltiples. Ya sea que se trate de una denuncia realizada por algún miembro de la familia, ya sea por la intervención de algún profesional de la salud, algún docente o un vecino.

La mayoría de las veces es la única forma de poner algún límite.

CAPÍTULO V

Natalia. Judicialización de un caso

(En colaboración con la Lic. Jeannette Mellado Melo.)[1]

[1] El caso "Natalia" fue facilitado por la Lic. Jeannette Mellado Melo, miembro asociada de la Fundación AEPA y psicóloga de una defensoría de menores de la ciudad de Buenos Aires, donde atendió a esta paciente.

Es una decisión difícil de tomar la de llevar un caso al terreno judicial, porque sabemos que tiene consecuencias y complicaciones que no siempre se pueden prever. Resulta engorroso, arduo y muchas veces muy frustrante hacerlo. Pero, en muchos casos, es una vía para poner límite a una situación, no queda otra salida. Tal es el caso de Natalia.

Natalia, de 6 años, llega a la entrevista en una defensoría de menores, acompañada por su madre. Es una docente de su escuela quien le sugiere a la madre que realice la consulta psicológica.

El informe dice que tiene problemas cognitivos, conductuales y socio-familiares. Es decir, Natalia tiene problemas para aprender, para comportarse en clase, con los compañeros y, según esta maestra, también tiene problemas familiares.

La niña vive con su madre de 25 años, su pareja, un hermano de 2 años y la abuela con el mal de Alzheimer.

Antes de Natalia, su madre tuvo dos hijos: uno vive con el padre y el otro, por orden del juez, vive con una familia sustituta.

La niña sólo concurre a dos entrevistas, porque la madre decía que su pareja no le permitía llevarla. Desde el equipo de la Defensoría se le enviaban citaciones para que asistiera. Se le envía una trabajadora social para que la visite en su domicilio, pero la madre llama para cancelar dicha visita porque en el conventillo donde vivían habían asesinado a una persona y estaba la policía.

Finalmente se realiza una entrevista social en la Defensoría donde se le indica a la madre que tiene que llevar a Natalia y su hermanito a la pediatra. También se le indica que consulte en un centro especializado en violencia hacia la mujer, pero no concurre.

Se le gestiona un subsidio económico para familias en situación de riesgo.

En el período durante el cual no concurren, la abuela de Natalia estuvo internada en un hospital de donde se escapó. Pasaron unas semanas hasta que la encontraron. En esas semanas la niña tiró por las escaleras al hermanito, quien debió quedar internado durante 15 días. La madre, además, perdió un embarazo después de una golpiza que le propinó la pareja. La madre de Natalia no realizó la denuncia.

Además de las citaciones realizadas por la Defensoría se solicitó que el equipo de orientación escolar reforzara el pedido de que fuese atendida. La niña no concurría a la escuela desde hacía un mes.

Más agresiones y otros incidentes

Natalia y su madre vuelven a la consulta. La madre cuenta que su pareja le daba alcohol al hijo más pequeño para que se durmiera y que los maltrataba a los tres.

Dos pasantes de trabajo social logran visitar a Natalia en su casa y corroboran que la familia está en riesgo. Se repiten las ausencias.

Al cabo de un tiempo vuelven. La madre relata que su pareja le pegó a Natalia con un cinturón. Ante los antecedentes, se le indica que deberá irse de la casa con sus hijos y llevar a Natalia al pediatra. Esa noche durmió en la casa de su hermano, pero no podía quedarse más tiempo allí. La asistente social la ubicó en un hogar con otras madres e hijos pequeños. La madre abandonó ese hogar porque no le gustaba que le marcaran normas de convivencia en cuanto a horarios de comida y limpieza.

En la consulta con el pediatra, es derivada al servicio de violencia familiar porque la niña relata que el padrastro la manosea. Natalia no es llevada a la consulta ginecológica y tampoco responde a las citaciones, ya que se muda permanentemente, y no es fácil dar con su domicilio.

A los tres meses vuelve. Natalia estuvo internada en el hospital oftalmológico porque el hermano le clavó un cuchillo en el ojo. Concurre a la Defensoría para conseguir anteojos.

Se decide ingresar una denuncia en el juzgado de menores por violencia familiar contra la madre y su pareja, solicitando que se ponga en resguardo a los niños.

A los seis meses, la escuela informa que la niña deja de concurrir y los responsables no responden a las reiteradas citaciones. Solicitan a la Defensoría que intervenga en la situación.

En la Defensoría se cita a la madre sin obtener resultados. Se realiza un informe con todos los antecedentes, agregando que el niño más pequeño presenta serias dificultades de conducta y posible atraso madurativo. Se informa que el grupo familiar está en situación de riesgo producto de la violencia intrafamiliar: la madre presenta dificultades para criar a sus hijos en un ambiente seguro y adecuado a sus necesidades y los niños no reciben atención médica ni cuidados básicos. Aunque se encuentran separadas del agresor, Natalia sostiene que de vez en cuando vuelven a convivir con él. Las estrategias planteadas por los diferentes profesionales no se pudieron llevar adelante porque la madre no mantenía continuidad ni respetaba las indicaciones que se le realizaban.

Desde la Defensoría se intentó la búsqueda de familiares o vecinos que pudieran acompañar a la madre de Natalia. Se enviaron citaciones a los distintos lugares donde se hospedaba la madre con los dos niños y se realizaron llamados telefónicos al tío de Natalia. Se hizo una derivación para que la madre tramitara sus documentos, ya que su pareja se los destruyó.

Al año siguiente, Natalia concurría a otro colegio y no era fácil realizar el seguimiento.

Entonces, se solicita que nuevamente intervenga el juzgado, mediante el recurso legal de "protección de personas". Se presentan los informes de la Defensoría, de la escuela, el examen ginecológico y el examen oftalmológico. La madre no volvió a llevar a la niña a ninguna consulta.

Dos meses después, la madre concurre a la Defensoría porque es citada para realizar una declaración testimonial. Se le vuelve a indicar que la niña debe estar bajo tratamiento y se la deriva a un centro de salud mental, pero no concurre.

A principios del mes siguiente, y ante el fracaso de todos los intentos anteriores, se dispone la separación de los niños para quedar bajo la protección del juez de menores en un hogar destinado a casos similares.

Un límite

Una de las mayores preocupaciones, tanto de los juzgados como de la sociedad en su conjunto, es el intentar por todos los medios ayudar a la familia en su conjunto. Se procura, en la medida de lo posible, mantener la unidad familiar. Para ello se realizan muchos esfuerzos, se trabaja para intentar modificar las relaciones violentas, algunos casos cuentan con ayuda económica. Aun así hay situaciones en las cuales no se observa una modificación de dicha situación. Continúa el riesgo para sus miembros, los derechos humanos básicos no están garantizados, los afectados no pueden desarrollarse ni desplegar sus capacidades. Por el contrario, la situación persiste y los daños cada vez son peores.

Se trata entonces de casos extremos que requieren un límite externo. Ese límite, que ellos por sí mismos no pueden poner, debe ser impuesto por las autoridades representantes de una sociedad.

Una de las tareas más complejas en este tipo de casos es *el seguimiento* de esas historias. Suele suceder que, además, estas familias son nómades, van de un lado a otro dentro una ciudad tan enorme como Buenos Aires e incluso cambian de ciudad. Cada institución con la cual se conectan estas familias cuenta con una pieza del rompecabezas, y no siempre se tiene información integral sobre un caso en particular.

Natalia es un ejemplo muy representativo de este tipo de

historias y resultó clave el seguimiento que la Defensoría pudo realizar.

Cuesta aceptar que deba separarse a un niño de sus progenitores. ¿Con quién estarán mejor los niños que con su familia? ¡Un niño, sobre todo si es pequeño, debe estar con su madre! ¿Cuántas veces escuchamos y decimos esa frase? ¿Pero qué pasa si la madre, en vez de protegerlo, lo expone a riesgos constantemente? Todos nuestros pensamientos ideales se hacen a un lado cuando la realidad nos tumba contra el piso. No se trata de lo que nosotros queremos o suponemos, se trata de poder escuchar lo que ellos tienen para decir. No importa lo que nosotros queremos ver sino lo que la realidad nos muestra. Es muy dramático, pero se experimenta cierto consuelo cuando uno tiene claro que puede hacer algo al respecto.

CAPÍTULO VI

Retratos de los personajes

¿Cómo son las personas que están inmersas en la problemática de la violencia familiar?

Es muy difícil describir el perfil de quienes padecen el problema, porque cada caso es singular. Cada historia es única y cada circunstancia es diferente.

Luego de varios años de investigaciones, ciertos autores reunieron algunos de los rasgos más característicos intentando describir un perfil. Si bien estos datos pueden servir de ayuda y orientación, es muy importante no dejar de lado que sólo se trata de una generalización y que cada caso es diferente.

Mujeres maltratadas

La gran mayoría de las denuncias de violencia familiar corresponden a mujeres que padecen el maltrato de sus parejas. En la actualidad se han incrementado las denuncias de hombres golpeados y, llamativamente, surgen mayor cantidad de situaciones de madres golpeadas.

Algunos autores (Echeburúa y Corral, 1998) coinciden en que las mujeres que sufren maltrato son muy pasivas, muestran poca iniciativa, tienen muy baja autoestima, evitan mostrarse en actividades sociales, adoptan conductas sumisas y temerosas. Son dependientes económica y afectivamente.

Según dichos autores, algunas de las secuelas de la violencia familiar las podemos detectar habitualmente por el incremento de los siguientes síntomas:

a) *Conductas de ansiedad extrema*

Son fruto de una amenaza incontrolable a la vida y a la seguridad personal. La violencia repetida e intermitente, entremezclada con períodos de arrepentimiento y ternura, suscita en la mujer respuestas de alerta y de sobresalto permanentes. Precisamente por esa ambivalencia del agresor, el maltrato es una conducta que no suele denunciarse. Y si se denuncia, no es nada extraño que la víctima perdone al supuesto agresor antes de que el sistema judicial pueda actuar.

b) *Depresión y pérdida de autoestima, así como sentimientos de culpabilidad*

Los síntomas de depresión, como la apatía, la indefensión, la pérdida de esperanza y la sensación de culpabilidad, contribuyen a hacer aún más difícil la decisión de buscar ayuda o de adoptar medidas adecuadas. La depresión está muy relacionada con el déficit y la falta gradual de autoestima para incluirse en actividades recreativas. La indefensión nace de la incapacidad para predecir o controlar la violencia que le es dirigida.

Los sentimientos de culpa están relacionados con las actitudes de la víctima para evitar la violencia: mentir, encubrir al agresor, tener contactos sexuales, consentir el maltrato a los hijos, etc. Casi la mitad de las mujeres se atribuyen a sí mismas la culpa de lo que les ocurre. Esta culpa puede referirse a conductas concretas, como por ejemplo no quedarse calladas, no acceder a las peticiones del agresor, o a la personalidad, es decir a la forma de ser; por ejemplo: verse estúpidas, sentirse poco atractivas o provocadoras.

c) *Aislamiento social y dependencia del agresor*

La vergüenza social experimentada puede llevar a la ocultación de lo ocurrido y contribuye a una mayor dependencia del agresor quien, a su vez, experimenta un aumento del dominio a medida que se percata del mayor aislamiento de la víctima.

Los síntomas psicopatológicos experimentados por las víctimas de maltrato suelen ser secuelas de las vejaciones continuas sufridas en la intimidad del hogar, no de un desequilibrio previo.

La experiencia de violencia en el hogar, que además tiende a hacerse crónica, es una variable de riesgo para el desarrollo de trastornos emocionales. Esto quiere decir que muchas veces la situación de maltrato desencadena trastornos emocionales que, luego de suspendido el maltrato, continúan ejerciendo una influencia negativa, durante algún tiempo, requiriendo tratamiento psicológico después de la separación.

Hombres violentos

Según Echeburúa la conducta violenta en el hogar es el resultado de un estado emocional intenso, *la ira*, que interactúa con actitudes de hostilidad, déficit de habilidades de comunicación y de solución de problemas con factores agravantes. Ellos pueden ser situaciones de estrés, consumo abusivo de alcohol, celos, etc., así como la percepción de ser vulnerables.

En la conducta violenta pueden intervenir, por lo tanto, los siguientes componentes:

a) *Una actitud de hostilidad*

Ésta puede ser resultado de estereotipos sexuales machistas en relación con la necesidad de sumisión de la mujer, de la percepción de indefensión de la víctima, de la existencia de celos patológicos y/o de la legitimación subjetiva de la violencia como estrategia de solución de problemas.

b) *Un estado emocional de ira*

Esta emoción varía en intensidad desde la suave irritación o molestia a la rabia intensa. La misma genera un impulso para hacer daño, se ve facilitada por la actitud de hostilidad y por pensamientos activadores. Estos pensamientos activadores están relacionados con recuerdos de situaciones negativas producidas en la pareja o suscitados directamente por estímulos, generadores de malestar, como pueden ser contratiempos laborales, dificultades económicas, problemas en la educación de los hijos, etc.

c) *Factores precipitantes directos*

El consumo abusivo de drogas o alcohol, sobre todo cuando interactúa con las pequeñas frustraciones de la vida cotidiana en la relación de la pareja, contribuye a la aparición de las conductas violentas.

d) *Un repertorio pobre de conductas y trastornos de personalidad*

El déficit de habilidades de comunicación y de solución de problemas impide la resolución de los conflictos en forma adecuada. El problema se agrava cuando existen alteraciones de la personalidad, tales como suspicacia, celos, autoestima baja, falta de empatía afectiva, necesidad extrema de estimación, etc.

e) *La percepción de la vulnerabilidad de la víctima*

Un hombre irritado puede descargar su ira en otra persona, pero suele hacerlo sólo en aquella que percibe como más vulnerable. Esta persona no tiene capacidad de respuesta enérgica. El lugar elegido para dicha descarga suele ser su entorno, la familia, donde es más fácil ocultar lo ocurrido. De ahí que las mujeres, los niños y los ancianos sean las personas más vulnerables y que el hogar, refugio por excelencia, pueda convertirse paradójicamente en un lugar de riesgo.

f) *El reforzamiento de las conductas violentas previas*

Muy frecuentemente, las conductas violentas anteriores han quedado reforzadas para el hombre violento porque con ellas ha conseguido los objetivos deseados. La violencia puede ser un método sumamente efectivo y rápido para conseguir lo deseado.

Por otra parte, el hombre muestra una mayor tendencia a desarrollar conductas violentas por múltiples motivos. Las influencias hormonales pueden constituir un factor para tener en cuenta, sobre todo si no logran canalizarse adecuadamente.

La aprobación social de dichas conductas, que están muy relacionadas con los estereotipos sociales del varón, suele contribuir a no sentir culpa por dichos sucesos, así como a no encontrar ningún freno ni límites a sus excesos.

Las identificaciones producidas en la infancia con otros hombres violentos que representan lo masculino a lo cual desea asemejarse suelen verificarse en muchos hombres violentos.

Otro factor que incide llamativamente es el haber padecido maltrato en su infancia. Es común que, como modo de defensa, adopte una actitud agresiva para superar el miedo, la inseguridad y la feminización que pudo producirle esa situación.

El aislamiento social suele ser un factor común entre hombres violentos. No se trata tanto de la cantidad de amigos que tenga, sino de la dificultad para establecer relaciones de intimidad o de amistad profunda, lo cual está íntimamente relacionado con la dificultad para comunicarse y expresarse.

Algunos trastornos de la personalidad pueden estar implicados en la adopción de conductas violentas. Los que entrañan mayor riesgo son:

- el trastorno antisocial, caracterizado por la frialdad afectiva y la falta de empatía,

- el trastorno paranoide, en el que la desconfianza y los recelos están presentes en forma constante, y

- el trastorno narcisista, en el que el sujeto está necesitado de una estimación permanente.

Es necesario volver a reforzar el concepto principal: *cada caso es único*. Estas puntualizaciones son algunos de los aspectos que aparecen con mayor frecuencia en relación con los casos presentados, enfocados fundamentalmente desde el punto de vista de la conducta.

CAPÍTULO VII

Violencia y erotismo

Es importante diferenciar la problemática de violencia familiar de otras manifestaciones de la violencia dentro de una pareja.

Cuando una pareja tiene incorporada la violencia como parte del erotismo, del lenguaje sexual, nos encontramos en un terreno muy diferente de lo que se reconoce como violencia familiar.

Si los actos de violencia, infligir dolor o humillaciones son aceptados conscientemente por la pareja, entonces se trata de violencia consensuada.

A este grupo de manifestaciones violentas algunas personas lo ubican dentro de las perversiones sexuales; y otras, dentro de los juegos eróticos, según el grado de violencia desarrollado y el nivel de consentimiento.

Sadomasoquismo

Una de las prácticas más conocidas donde participa la violencia es el *sadomasoquismo.*

El sadomasoquismo es un modo de obtener placer a través de producir dolor, en el caso del sadismo, o de sufrir dolor, en el caso del masoquismo. Éstos implican dolor físico y, para algunos autores (Stoller, 1991), deben diferenciarse de la *dominación, sumisión* o *servidumbre y la disciplina,* que no tienen necesariamente esa connotación. En muchas situaciones el dolor inflingido es más psíquico que físico. Por ejemplo, hay personas que, aunque no directamente excitadas por, digamos, un latigazo, se sienten profundamente atraídas por *la idea* de ser castigadas con un látigo. En ese caso, el látigo es un representante para ellas de un contacto especial de alta intensidad con otra persona. Odian el dolor, pero les encanta jugar a la subyugación que les produce este juego.

Robert Stoller considera que no hay una sola perversión sadomasoquista, sino muchas, y las clasifica del siguiente modo.

Técnicas sadomasoquistas

Enumera una gran cantidad de técnicas empleadas que no viene al caso detallar. Se trata de prácticas clasificadas según su característica particular. Por ejemplo, azotamiento, perforaciones, tatuajes, escarificación, cortes, colgadura, etc.

Modos y roles

Arriba y abajo. Así define Stoller los posibles roles. Las diferentes variaciones entre estas dos opciones son, por ejemplo, las que se producen entre los que juegan los roles de amo y esclavo o los que juegan los roles de maestro y alumna, médico y enfermera, o cualquier otra relación bipolar.

"Pasivo" y "activo" parecerían términos descriptivos muy pertinentes para las actividades masoquistas; pero, al profundizar un poco en la mente de los participantes, se descubre que la pasividad puede ser una manera encubierta de controlar.

Estas personas no buscan la experiencia directa del dolor, sino que al experimentarlo complacen a su amo. A ningún sadomasoquista le gustan todos los tipos de dolor.

El montaje, la escenografía y el libreto que siguen son algo muy importante y a lo cual le dedican mucha atención.

Estas prácticas ponen en juego mucha teatralidad.

No todos los libretos sadomasoquistas apuntan a generar placer erótico. En algunas situaciones, las técnicas antes enumeradas se utilizan para la relajación y la dramatización. En algunas personas, tal vez, no se conecten nunca con la excitación erótica, en otras representan la estimulación previa. En algunos casos su persistencia conduce al orgasmo mientras que, en otras, cede su lugar a la relación sexual ya sea heterosexual u homosexual.

Hay variaciones de sadomasoquismo respecto de si es físico o mental. En algunas personas, el libreto no incluye ninguna técnica sino la mera asunción de un rol.

Marcos

Para Stoller el sadomasoquismo consensual es teatro, un parque de diversiones. Aunque los participantes lo practiquen en privado, tienen maneras complejas y ritualizadas de montar la escena y representar luego sus papeles apropiadamente en ese escenario. El marco en el que se lleva adelante la situación define gran parte de lo que se desarrolla allí. Preparar el lugar exige pasos precisos y cuidadosos, casi como una ceremonia religiosa que tiene definida de antemano una liturgia determinada y elementos muy fijos y definidos con los cuales llevar adelante el encuentro.

Anatomía

Cualquier parte del cuerpo es factible de ser fuente de una actividad masoquista. Generalmente, se trata de una parte específica del cuerpo.

Dinámica

¿Qué es lo que pasa? ¿Qué historias se cuentan en estos juegos? Se trata de las mismas de la excitación erótica en general; pero el foco se concentra aún más sobre el tema del riesgo.

La excitación erótica es una vibración, un oscilar entre dos posibilidades: placer-displacer.

Estos dispositivos estéticos, a pesar de que parecen ser un retrato del peligro, sirven como defensa contra él. Todos los detalles son importantes para aumentar la excitación e impedir el verdadero peligro o el aburrimiento. Algunas de las cualidades más importantes en la dinámica sadomasoquista son la deshumanización, la ilusión de peligro, las apariencias de riesgo, misterio y secreto.

El elemento más importante que debe establecerse es la confianza. Todos los masoquistas aprecian a los compañeros sofisticados que saben exactamente cómo actuar dentro de las reglas del juego, al mismo tiempo que aparentan violar sus límites.

Cuando un sádico está fuera de control, ya no se trata de violencia consensuada sino de criminalidad. Los psicópatas y asesinos en serie suelen practicar montajes del estilo sadomasoquista, pero en ese caso hay una víctima que es tan sólo un objeto más. Excede las intenciones de este libro desarrollar ese aspecto de la violencia.

Queda claro que en estas descripciones aparecen aspectos de la violencia que poco tienen que ver con lo que venimos tratando respecto de la violencia en la familia.

Estos casos fueron investigados en sus ámbitos. La recopilación y la clasificación del material no corresponden a relatos producidos en una consulta psicológica, como los casos de Pablo y María D., María E. y María R. Surgen de entrevistas al estilo periodístico, con el objetivo de relevar los datos necesarios para esa investigación. Sin embargo, son elementos que, por más que resulten chocantes para algunas personas, implican información que nos permite relativizar aspectos del tema y ubicarlo en una dimensión diferente.

Avancemos ahora con otro ejemplo que nos haga posible profundizar en el conocimiento del tema.

CAPÍTULO VIII

Carlos. Hombre violento

En un capítulo anterior se realizó la descripción del perfil de quien ejerce violencia sobre otra persona. La mayoría de las denuncias corresponden a mujeres que han sufrido algún tipo de maltrato por parte de hombres. Esto no quiere decir que no existan hombres golpeados, sino que por lo menos no son tan frecuentes las denuncias o las consultas por estas cuestiones.

Hasta hace unos cinco años, resultaba muy poco frecuente que un hombre consultara a un psicólogo por considerarse violento. Tantas campañas de concientización, tanto accionar sobre la problemática van produciendo en la población una forma diferente de pensar el tema. Si bien queda mucho trabajo por hacer, ya no se considera tan natural el maltrato. Por lo menos, algunas personas logran reflexionar sobre la situación. No sólo la ley le asigna un lugar diferente al tema, sino que la comunidad no actúa de la misma manera que antes. Lo fundamental de este cambio es justamente eso, el cambio. Es decir que es posible producir cambios en el modo de concebir la problemática, cambios en el modo de resolverlo y cambios en el modo de plantearlo.

En este contexto llega Carlos a la guardia.

Irrumpe en la consulta un hombre de 27 años, ansioso, inquieto, haciendo grandes gestos con las manos. Agarrándose la cabeza como si se le fuera a escapar.

En voz alta reclama por un psiquiatra que lo medique ya.

Al tratar de averiguar qué le pasa y por qué está así, responde a toda velocidad y casi sin detenerse para respirar: "Soy compulsivo y violento." Así se define Carlos, contando situaciones en las cuales se descontrola.

Dice que no puede parar, que está como loco, que necesita una medicación que lo calme, porque no puede controlarse. Desquiciado, paranoico, tiene celos de su mujer. No puede parar de pensar que lo engaña. Él sabe que no es cierto, que la mujer no lo engaña, pero no puede dejar de pensar en eso. Basta que ella se aleje, salga y la pierda de vista para que empiece a *darse manija* con la idea de que está con otro hombre.

Cuando llega la mujer, ya tiene la cabeza tan mal que la maltrata, la agrede, la insulta, la humilla, le pega. Así, una y otra vez hasta que ella se va de la casa porque no lo soporta más. Entonces él confirma su infundada sospecha, seguro de que se fue con el otro. La locura no cesa. La busca, la persigue. Ella lo amenaza con que, si no la deja en paz, va a denunciarlo. Él sigue obsesionado por esa idea que se le impone a pesar de sí.

Cuando Carlos dice que no puede parar... es eso... no puede parar. Cuando se agarra la cabeza... es eso... si no se la agarra... se le va. Como si sus pensamientos fueran de otro.

La entrevista parecía una especie de descarga eléctrica.

La pregunta insiste: ¿tiene alguna idea de por qué está así? Pregunta que parece hacerlo reflexionar un instante para comenzar a hablar de la muerte de su madre, de su propia adicción a las drogas, de las mentiras del padre.

Habla de los supuestos "trabajos" de magia negra que le ha hecho una pareja anterior, de los demonios y los miedos.

Habla de la furia contenida en contra de su padre, de la ira por la ausencia de su madre. Hablar de la furia no es lo mismo que *actuar* la furia. Si bien parecía que en cualquier momento rompería algo, nunca se despegó de su silla mientras hablaba.

Carlos era bastante consciente de lo que pasaba, podía reconocerlo como un problema, pero no podía detenerse, no podía modificarlo. En la mayoría de los casos, esta diferencia entre lo que piensa y lo que hace no es tan clara. Él podía darse cuenta de que era una idea que se le impone en el pensamiento, una idea *loca*, como él mismo la nombra, pero en definitiva la reconocía como una idea. Muchas veces no existe esta conciencia, y *la idea que se le mete en la cabeza* es incuestionable; existe una certeza tal de que eso es así, que no hay forma de establecer ninguna diferencia.

Carlos tenía una gran ventaja: en las causas o justificaciones a sus problemas, fue encontrando respuestas. Las primeras respuestas acusaban a los demás. Pero, entonces, ¿cuál era su responsabilidad al respecto? No todos los que tienen una pésima relación con su padre se ponen tan furiosos como para maltratar a sus parejas. Tampoco todos los que pierden a su madre reaccionan así. Ni siquiera todos los que consumen drogas o alcohol son violentos y padecen de celos tan enfermizos.

¿Por qué ese modo de reaccionar?

A lo largo de su vida soportó situaciones sin chistar, sin emitir ni una sola palabra. El padre engañaba a su madre y lo hacía cómplice de la situación. Al morir la madre, él se sintió liberado de ese pacto de silencio, pero infinitamente culpable respecto de ella.

Esa tensión interna permanente e inconsciente fue produciendo en él las condiciones para que emergiera la furia. Pero, en vez de dirigirla hacia donde hubiera correspondido, la ponía en juego en sus relaciones de pareja.

Esa *idea loca* de que su pareja lo engañaba no era otra cosa que transferir el engaño del padre a la madre. Pero Carlos todavía estaba muy lejos de poder entender que una cosa tenía que ver con la otra. Lejos de poder descubrir que esa idea de engaño era la actualización de lo que le resultaba insoportable, su culpa por la complicidad. Lo traumático le retornaba de esta manera y le seguirá retornando hasta que él pueda resolver ese conflicto.

Elaborar el conflicto es convertirlo en palabras, ponerles palabras a todos esos sentimientos reprimidos. Poner palabras a la culpa, *la bronca*, el dolor, la tristeza, la excitación. Ello implica tolerar grandes cantidades de angustia, lo cual para Carlos era casi imposible. Ante la menor manifestación de angustia, se ponía como loco, agresivo o sucumbía a las drogas. En la medida en que él pueda ir desarrollando nuevas formas de resolver problemas, que pueda establecer conexiones entre esos aspectos tan disociados de su vida, entonces podrá contar con nuevas herramientas para afrontar la angustia.

Llegar a realizar esas conexiones le demandará mucho trabajo psíquico. Porque, en ese estado de ansiedad y nerviosismo permanente en el que vivía, ni siquiera podía pensar.

Cada vez se le hacía más insoportable la culpa que sentía respecto de su propia madre. Tanto, que empezó a tener la sensación de que ella estaba en la casa. Entonces, a la noche, en vez de dormir y descansar, aparecían todos los miedos recrudecidos. Imposible pegar un ojo, relajarse y entregarse al sueño. Los objetos que perdía en su casa pasaban a ser objetos que la madre le escondía. Si las ventanas se golpeaban, era la madre que las abría o cerraba.

Era ella quien lo apañaba y contenía; la extrañaba tanto que hasta la veía. La culpa hacía estragos en la cabeza de Carlos.

Años atrás, este tipo de pacientes no consultaba. El ser violento no constituía un motivo de consulta. Quizás hubiera llegado por consumo de drogas o frente a un desborde psiquiátrico, cuando ya casi sólo queda el recurso de la internación. El pensar que *ser violento* es una problemática psicológica le dio la posibilidad de pedir ayuda. Darse cuenta de que los celos son ideas que no puede controlar, en vez de certezas, le permite empezar un camino de elaboración de su propia historia.

¿Ayuda la medicación?

Él llegó solicitando un psiquiatra que lo medicara. Una medicación que lo ayudara a frenar, a dejar de pensar, de sufrir. Algo así como los paracaídas que se abren en el aterrizaje de algunos aviones.

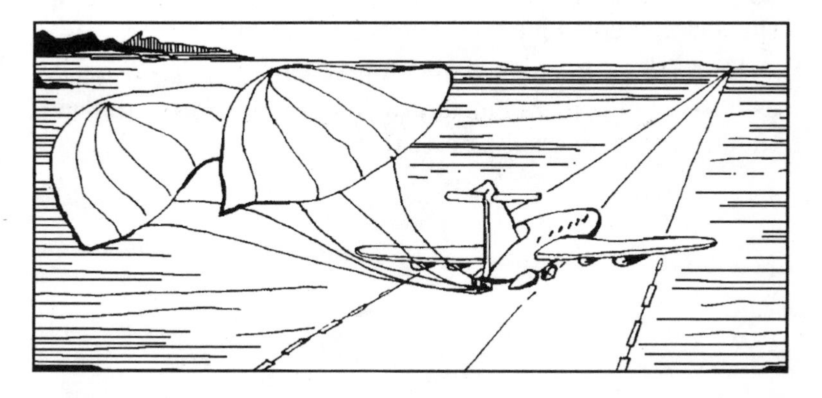

En este caso una medicación permite tranquilizar la ansiedad y disminuir la aceleración, permite recuperar el descanso a través del sueño y dar margen al trabajo psicoanalítico, que de otra forma sería muy doloroso para el paciente. Sin embargo, lo que podrá aliviar el padecimiento psíquico es justamente el trabajo de elaboración que pueda hacer. De lo contrario, al retirar la medicación estaría exactamente en el mismo punto. Para que se produzca algún alivio profundo y duradero tiene que realizarse una transformación del conflicto. Encontrar otra salida que no sea la enfermedad.

¿Qué actitud debería tomar la pareja?

Carlos consulta cuando su mujer lo deja. Cuando ella se cansa de sus maltratos y celos enfermizos, pone un límite. Cuando ella piensa que ese ambiente no es bueno para criar a sus hijos, ni para ella, decide cambiar su destino. Cuando ella deja de ser cómplice de la situación comienza a producirse un cambio. También es cierto que él se pone peor, se desencadena la angustia, la ansiedad, la locura. Antes era ella quien soportaba esas descargas.

Carlos necesita ayuda y mucha, pero esa ayuda no es la compasión ni la postergación. Comprender para poder actuar es de gran utilidad. Pero comprender para justificar lo que sucede sólo prolonga el problema en el tiempo. Perder el tiempo puede tener fatales consecuencias. Dejar pasar el tiempo sin accionar sólo empeora y cronifica las cosas.

Si Carlos y su mujer tienen una posibilidad de ser felices, esto se deberá en gran medida a cuán seriamente se tomen el tratamiento para resolver este tema.

CAPÍTULO IX

Ernesto. Noviazgos violentos

El tema de la violencia en la familia es verdaderamente amplio, tiene múltiples aristas y complicaciones. Hasta ahora hemos intentado introducirnos en la problemática desde diversos puntos de vista, teniendo en cuenta el modo en que se fue presentando en la consulta. Así empezamos por aquellas consultas en las que el problema planteado en el inicio no tenía nada que ver con la violencia. Pacientes que consultaban porque tenían problemas para relacionarse con los demás. Pacientes cuyos tratamientos fueron develando algunos secretos bien guardados.

Luego nos ocupamos de las mujeres golpeadas. Consultas producidas por esa problemática como efecto del trabajo de divulgación que se realizó en los medios.

También participamos en las consultas de un hombre violento. Ahora nos vamos a ocupar de otro tipo de consultas, las consultas de noviazgos violentos.

Al investigar la problemática de la violencia familiar, se detectó que, en el caso de la violencia conyugal en parejas de muchos años de convivencia, los primeros indicios se produjeron en el noviazgo. Esas primeras manifestaciones se fueron agudizando con el paso de los años y agravando por la dependencia económica, los hijos, las responsabilidades laborales y del hogar.

Entonces, se llegó a la conclusión de que era muy importante realizar campañas no sólo dirigidas a las situaciones actuales de violencia, sino apuntar también a la prevención. Concientizar a las jóvenes parejas para que consulten ante las dificultades que se les van presentando, en vez de dejar que se instale la violencia y el maltrato como parte del vínculo.

¿Cuándo comienza el maltrato dentro de una pareja?

Puede iniciarse en cualquier momento. Sin embargo, una investigación interdisciplinaria realizada por medio del Consejo Nacional de Investigaciones Científicas y Técnicas de la

República Argentina, por la Dra. Grosman y las licenciadas S. Mesterman y M. T. Adamo, indica que los inicios de la violencia son:

durante el noviazgo	10 %
recién casados o unidos	45 %
durante el embarazo	8 %
cuando nació el primer hijo	11 %
último tiempo de la convivencia	5 %
en otras etapas	16 %
no contestaron la pregunta	5 %

Los datos son bastante claros: el 55 % de los casos investigados manifestaron que los episodios de violencia y maltrato comenzaron en el noviazgo o durante los primeros tiempos de la convivencia. En la abrumadora mayoría de las situaciones, estos episodios fueron empeorando con el paso del tiempo.

Cuando se le pregunta a una pareja que lleva años de maltrato por qué continúa así, una respuesta habitual es la inocente esperanza de que habrá un cambio, que en el futuro será diferente. La esperanza sería justificada si estuvieran haciendo algo para modificar las cosas, pero no es así. Sólo mutuas promesas de que es la última vez. Otra respuesta, también muy frecuente, es por la vergüenza que sentirían si el resto de la gente se enterara de lo que sucede en sus vidas.

Sin embargo hay algunas personas más permeables a lo que sucede en el contexto social. Aquellos que no están tan aislados en sus casas y problemas, aquellos que tienen algún tipo de intercambio y contacto con el medio que los rodea reciben otros estímulos. Por eso las diferentes campañas que se realizan siempre producen efectos en algunas personas. Quizás esos efectos parezcan insignificantes frente a la magnitud del problema, pero aun así son altamente positivos. Lamentablemente, las inversiones económicas nunca son suficientes y siempre hay cosas más urgentes que atender, pero muchas veces no son necesarios recursos millonarios sino poner en funcionamiento los recursos propios de la comunidad.

Un hombre sin palabras

Ernesto, de 23 años, llega a la consulta porque le dijeron que es "violento" y que debía consultar a un psicólogo.

Él estaba de novio desde hacía seis meses, con una joven de 18 años. Dijo que su novia no quería verlo más porque le hacía daño. Ella hacía terapia desde dos meses atrás, porque no sabía si continuar con la relación o no. Lo quería mucho, pero la asfixiaba. Ernesto no entendía mucho de qué se trataba. Para él estaba todo bien, y no comprendía por qué ella se alejaba cada vez más.

Cuenta un poco de su historia, y no se podían ubicar en su crianza antecedentes de maltrato ni con él, ni entre sus padres. Por lo menos, era la historia que podía contar.

Por lo general, en la vida de los hombres violentos ha habido sucesos de maltrato y violencia muy cercanos. Esos sucesos vividos pasivamente sin poder defenderse, cuando se llega a la vida adulta hacen que se invierta la situación. Ahora es él quien manda, ante la menor contradicción a su voluntad reacciona de mal modo. No puede soportar ninguna situación en la cual a él le parezca que puede quedar otra vez en ese lugar que padeció de chico. Si el otro se muestra desafiante o no se subordina a su autoridad o no le concede lo que quiere, despierta sus más bajos instintos. Pero aparentemente este no era el caso de Ernesto.

¿En qué consistía para él "ser violento"?

Cuenta que su novia es muy amable con todo el mundo. Se acerca a las personas y les habla. Así empezaron a salir. Ella se le acercó y le habló amablemente, después empezaron a charlar más seguido y así hasta que se pusieron de novios.

Hablar. Para Ernesto hablar es algo muy significativo. A él le cuesta expresarse. Casi no habla. Le gustaría mucho poder hablar de corrido y con soltura. No habla porque no tiene palabras para expresarse. Su pensamiento se pone en marcha a partir de pequeños estímulos. El mundo que lo rodea le es ajeno, casi no lo entiende, y tampoco muestra interés en entenderlo. Hace falta que le expliquen las cosas que ve y que le pasan, como si fuera ciego. Hace falta que él pueda contar su propia historia como si fuera un cuento que hay que narrar, pero no sabe ni por dónde empezar, le faltan las palabras.

Trabaja como carpintero en un galpón de unos 300 metros cuadrados. Pasa la mayor parte del día solo, sin hablar con nadie. Pone la radio pero no la escucha.

Con sus pocos amigos va a la esquina, a mirar el partido en el bar o a jugar a la pelota. Hablan de cosas superficiales y de lo imprescindible. "Mozo, otra cerveza" puede ser la única frase que emita Ernesto en esas reuniones. A nadie le hace falta que él hable, casi ni registran que no habla. Él mira.

Sus padres trabajan mucho todo el día en un negocio y cuando llegan a la casa cenan, miran un poco de televisión y se van a dormir temprano. "¿Cómo estás?, ¿qué tal te fue?", puede ser toda la conversación entre ellos. Casi como el diálogo de la canción infantil que fue muy popular en una audición de televisión,[1] que decía:

"—Hola, don Pepito.

—Hola, don José.

—¿Pasó Ud. por casa?

---

[1] De Gaby, Fofó y Miliki, tres payasos españoles.

—Por su casa no pasé.

—¿Vio Ud. a mi abuela?

—A su abuela no la vi.

—Adiós, don Pepito.

—Adiós, don José."

Al día siguiente lo mismo.

Ernesto y su familia reproducían diariamente este tipo de comunicación. Difícilmente pudieran enterarse de sus problemas, y mucho menos elaborarlos.

Pero, un día, una simpática jovencita le habló. No sólo le habló, sino que lo escuchó. Ella necesitaba que él le hablara. Pero él no tenía palabras para expresar lo que le pasaba. Ernesto se quedaba maravillado frente a su novia, por la manera en que ella podía poner en palabras sus sentimientos, lo que pensaba, lo que escuchaba. Aprendía mucho con esa relación, hasta que la quiso tener sólo para él. Empezó a coartarle las amistades, a cuestionarle con quién salía... con quién hablaba. La cosa fue de mal en peor. Él comenzó a maltratarla y agredirla porque ella no le hacía caso. Ella trata de explicarle que lo quiere pero que también necesita a sus amigas, salir, divertirse. Él lo entiende perfectamente pero no puede evitar sentirse solo cuando ella no está y sentirse un tonto por estar detrás de ella. Ninguna de las dos cosas se las aguanta, y reacciona mal. No puede evitarlo.

Ella comienza terapia porque tiene un conflicto. Lo quiere pero se siente mal, no es feliz. Cada vez está más triste y fue perdiendo la alegría espontánea que tenía. Sus padres, preocupados por esa relación, la impulsan a la consulta. La terapeuta le sugiere que él también debe consultar. Así llega Ernesto a la primera entrevista, por temor a perderla.

En ella Ernesto actuaba como si hubiera venido a entregarse a la justicia después de haber cometido un delito y se sintiera arrepentido.

El trabajo terapéutico consistió y consiste en ayudarlo a ponerle palabras a lo que siente, lo que le pasa, lo que piensa. Le faltan esas herramientas básicas, poder hablar en vez de actuar.

Ernesto necesita que su aparato psíquico tenga más herramientas para procesar las cosas que le van pasando. Si recuerdan la comparación con el sistema de riego (capítulo II), podremos decir que le hace falta hacer más canales para que el agua llegue a nuevos lugares. En este caso no se trata de un desborde desmesurado en el ingreso de estímulos. No se trata de una creciente en el río que abastece al campo. El problema es otro. Necesita realizar un trabajo importante para aprovechar mejor los recursos, para poder disfrutar de su vida.

EPÍLOGO

Violencia en la familia. Nos propusimos adentrarnos en la intimidad de la familia para analizar un problema muy serio. Si bien el problema no es nuevo, es relativamente nuevo el lugar que la sociedad le asigna. Actualmente es un tema de preocupación y algo sobre lo cual se interviene.

Seguimos el mapa que fueron trazando las consultas psicológicas. En la misma medida en que fue apareciendo el problema, nos fuimos introduciendo en un universo diferente. La familia, ese lugar idealizado que debería proveer a sus miembros de las herramientas necesarias para afrontar la vida. Ese lugar de protección, contención, afecto, seguridad y que debería estimular que cada uno se exprese y desarrolle sus potenciales. Ese mismo lugar puede ser una trampa.

Se fueron develando historias y realidades que nos ayudaron a entender un poco más la complejidad del problema. Historias que pusieron a prueba nuestra capacidad de escuchar más allá de lo que queremos escuchar. Nos enseñaron a prestar atención a lo que dicen, y no apresurarnos a suponer que lo dicho es lo que uno piensa.

¿Por qué deberíamos interesarnos? ¿Para qué tomarse el trabajo de intentar analizar esa realidad? ¿Qué nos importa lo que sucede en la intimidad de otra familia que no sea la nuestra? No se trata de entrometerse en la vida privada de nadie, ni de violentar ninguno de sus derechos. Muy por el contrario, se trata de entender la complejidad del tema. Intentamos abandonar el juicio simplista de "víctimas y victimarios", sin que eso signifique justificar el abuso o el maltrato.

En la medida en que garantizamos los derechos humanos de *todos* los miembros de una familia, contribuimos con el desarrollo de esas personas, que luego podrán expresarse por vías relacionadas con la vida y no con la destrucción.

Es en la familia donde se debe aprender a regular los impulsos, a cambio de mutuos cuidados. Pero ¿qué pasa si esa función no sólo no se cumple, sino que además se constituye en un ámbito de riesgo para sus miembros? Entonces, debe ser la sociedad la que proteja a esa familia y le brinde ayuda para encontrar una salida diferente.

A través de los relatos, pudimos comprender que la violencia en la familia no es cuestión de una sola persona. Más bien se trata del encuentro de por lo menos dos sujetos, que no saben o no pueden resolver sus problemas.

Los diferentes relatos nos mostraron cómo se articula la vida privada con la trama de una comunidad.

¿Qué tiene que ver la política con la vida íntima? Pablo sabe. ¿Cómo puede un programa de televisión influir en el pensamiento y realidad de alguien? María D. puede responder a la pregunta.

¿Qué cambió con la sanción de la ley de protección contra la violencia familiar? Quizás Natalia tenga una respuesta.

¿De qué modo afecta la historia familiar a un adulto? Es posible que Carlos tenga algo para decir al respecto.

¿Sirven para algo las campañas de prevención? ¿Acaso Ernesto no comenzó a pensar en su problema por lo que le hablaron?

Si un amigo tiene este problema, o si el problema está dentro de su propia familia, ¿buscaría ayuda profesional?

Lo más importante para subrayar es que *la violencia en la familia no es algo natural. No se trata de adaptarse a ella o contemplarla con indiferencia o resignación.* Es un problema. Problema complejo, por cierto, pero que tiene soluciones. Para ello es necesario analizar los factores en juego e intentar cambiar la forma de enfocar el tema. Aprendiendo, por ejemplo, a resolver conflictos de diversas maneras. *Sobre todo, estar convencidos de que se puede modificar esa realidad, y no postergar en vano el cambio.*

Esperamos que este libro aporte algunas herramientas para analizar la problemática y, así, el lector pueda sumarse al equipo de gente que intenta construir algunas soluciones.

REFERENCIAS BIBLIOGRÁFICAS

Barilari, Z. y Colombo, R. (2000): *Indicadores de abuso y maltrato infantil en pruebas graficas*, Buenos Aires, Sainte Claire.

Caratozzolo, D. (1999): *La pareja violenta*, Buenos Aires, Homo Sapiens.

Colombo, R. y Beigbeder, C. (2000): *Abuso y maltrato infantil. Hora de juego diagnóstica*, Buenos Aires, Sainte Claire.

Corsi, J. (1997): *Violencia familiar. Una mirada interdisciplinaria*, Buenos Aires, Paidós.

Deleuze, G. (2001): *Presentación de Sacher-Masoch. Lo frío y lo cruel*, Buenos Aires, Amorrortu.

Echeburúa, E. y Corral, P. (1998): *Manual de violencia familiar*, Madrid, Siglo XXI.

Finkelhor, D. (1979): *Sexually Victimized Children*, Nueva York, Free Press.

Freud, S. (1979): *Obras completas*, Buenos Aires, Amorrortu.

Giberti, E.; Lamberti, S.; Viar, J. P., y Yantorno, N. (1998): *Incesto paterno-filial. Una visión multidisciplinaria*, Buenos Aires, Universidad.

Grosman, C.; Mesterman, S., y Adamo, A. (1992): *Violencia en la familia. Aspectos sociales, psicológicos y jurídicos*, Buenos Aires, Universidad.

Lamberti, S. y otros (1998): *Violencia familiar y abuso sexual*, Buenos Aires, Universidad.

Laplanche, J. y Pontalis, J. B. (1983): *Diccionario de psicoanálisis*, Barcelona, Labor.

Martín, G., y Malamud, V. (1986): *Clivaje. Entre lo que queda y lo que fluye. Clínica de lo violento*, Buenos Aires.

Monguin, O. (1997): *Violencia y cine contemporáneo. Ensayo sobre ética e imagen*, Barcelona, Paidós.

Sanz, D. y Molina, A. (1999): *Violencia y abuso en la familia*, Buenos Aires, Lumen.

Stoller, R. J. (1991): *Dolor y pasión. Un psicoanalista explora el mundo sadomasoquista*, Buenos Aires, Manantial.

Se terminó de imprimir en el mes de noviembre de 2005
en el Establecimiento Gráfico LIBRIS S. R. L.
MENDOZA 1523 • (B1824FJI) LANÚS OESTE
BUENOS AIRES • REPÚBLICA ARGENTINA